Hill (Hrsg.) Die kommunikative Organisation

Staatskommunikation

Band 4

Carl Heymanns Verlag KG · Köln · Berlin · Bonn · München

Die kommunikative Organisation

Change management und Vernetzung in öffentlichen Verwaltungen

Herausgegeben von
Dr. iur. Hermann Hill
Universitätsprofessor an der Hochschule für Verwaltungswissenschaften Speyer
Minister a. D.

Carl Heymanns Verlag KG · Köln · Berlin · Bonn · München

Die Deutsche Bibliothek - CIP-Einheitsaufnahme

Die kommunikative Organisation : Change management und Vernetzung in öffentlichen Verwaltungen / hrsg. von Hermann Hill.
Köln ; Berlin ; Bonn ; München : Heymanns, 1997
(Staatskommunikation ; Bd. 4)
ISBN 3-452-23607-2
NE: Hill, Hermann [Hrsg.]; GT

ISBN 3-452-23607-2
Gedruckt von MVR-Druck GmbH, Brühl

Gedruckt auf säurefreiem und alterungsbeständigem Papier.

Vorwort des Herausgebers

Das vorliegende Buch stellt den vierten Band in der Reihe „Staatskommunikation“ dar. Es enthält die Dokumentation des Fachtages „Die kommunikative Organisation“, der vom Deutschen Kommunikationsverband BDW e.V. in Zusammenarbeit mit der Hochschule für Verwaltungswissenschaften Speyer unter meiner wissenschaftlichen Leitung am 17. April 1996 in Speyer veranstaltet wurde.

Die Themen des diesjährigen Fachtages: Change management in öffentlichen Verwaltungen, Einbeziehung des Bürgers als Organisationsbaustein in Verwaltungsprozesse sowie die Koordination im Netzwerk dezentraler Einheiten haben eines gemeinsam: Alle drei Themen moderner Organisationswissenschaft und -praxis können nur dann erfolgreich umgesetzt werden, wenn eine gute und gelingende Kommunikation stattfindet. Es sind die Menschen, die den Erfolg einer Organisation garantieren. Deshalb ist Kommunikation so wichtig.

Das Anliegen des Fachtages war erneut, zu diesem Zweck Öffentlichkeitsarbeiter aus dem privaten und dem öffentlichen Sektor zusammenzubringen und sie zu ermuntern, miteinander und voneinander zu lernen. Ich danke dem Deutschen Kommunikationsverband, insbesondere Herrn Hauptgeschäftsführer Lutz E. Weidner und Herrn Werner Dierker, für die erfolgreiche Zusammenarbeit, meinen Mitarbeiterinnen und Mitarbeitern für die vielfältige Unterstützung bei der Vorbereitung und Durchführung der Tagung sowie Frau Dipl.-Ing. Wera Veith-Joncic für die Gestaltung des Tagungsbandes.

Speyer, im Juli 1996 — Hermann Hill

Inhalt

Begrüßung

durch Gerhard A. Pfeffer, Deutscher Kommunikationsverband BDW

Gemeinsam mit Professor Dr. Hermann Hill von der Hochschule für Verwaltungswissenschaften Speyer führt der Deutsche Kommunikationsverband BDW zum vierten Mal den Fachtag „Staatskommunikation“ durch.

Damit will der Verband einen Beitrag leisten, die vorhandenen kommunikativen Defizite in Behörden und Verwaltungen abzubauen. Professionelle Kommunikation darf nicht auf den privatwirtschaftlichen Sektor beschränkt bleiben.

Wie notwendig das ist, zeigen derzeit exemplarisch folgende Beispiele:

- Kommunikation zur europäischen Währungsunion
- das Durcheinander bei der Debatte „Standort Deutschland“
- die Diskussion um die Renten.

Noch so gute Kommunikationsarbeit kann schlechte Politik und Entscheidungen dauerhaft nicht an den Bürger bringen. Sie kann aber für richtige und notwendige politische Maßnahmen die notwendige Akzeptanz erzielen. Richtige Beschlüsse allein bedeuten noch gar nichts.

Zugleich soll mit diesen Fachtagen ein Forum geschaffen werden, den Dialog zwischen Verwaltungen und der Wirtschaft sowie zwischen Verwaltungen und dem Bürger zu fördern. Voneinander lernen und mit gegenseitigem Verständnis miteinander kommunizieren, ist das Ziel.

Damit reiht sich diese Fachtagsreihe in die originäre Arbeit unseres Berufsverbandes ein, nämlich: Input geben, neue Themenfelder in engem Dialog zwischen Theorie und Praxis aufarbeiten und die Ergebnisse für die Mitglieder und die ganze Branche verfügbar machen. So haben wir es beispielsweise auch mit den Themen ökologische Kommunikation, integrierte Unternehmenskommunikation, Sponsoring, Event oder zuletzt PR-Controlling gemacht.

In den ersten drei Veranstaltungen standen deshalb folgende Themenkreise im Mittelpunkt:

- Staatskommunikation allgemein
- Die begreifbare Stadt (Stadt- und Regionalmarketing und -kommunikation)
- Public Private Partnership (der Dialog zwischen Verwaltungen und Privatwirtschaft)

Damit die Inhalte der jeweiligen Tagungen nicht nur den Teilnehmern verfügbar bleiben, haben wir in Kooperation mit dem Carl Heymanns Verlag in Köln die jeweiligen Ergebnisse dokumentiert und eine eigene Buchreihe Staatskommunikation herausgegeben.

Natürlich wird diese Reihe im kommenden Jahr fortgesetzt. Gern nehmen wir bezüglich der Thematik Vorschläge und Anregungen von Ihnen im Laufe dieser Tagung oder danach an. Schon heute möchte ich Sie dazu einladen.

Herrn Prof. Dr. Hermann Hill und der Hochschule für Verwaltungswissenschaften Speyer möchte ich im Namen des Deutschen Kommunikationsverbandes BDW herzlich für die effektive und unkomplizierte Zusammenarbeit danken.

Der Tagung wünsche ich ein gutes Gelingen und Ihnen allen viele neue Anregungen und einen kommunikativen Dialog untereinander.

Die kommunikative Organisation

Univ.-Prof. Dr. Hermann Hill, Hochschule für Verwaltungswissenschaften Speyer

1. Erfolgsfaktor Kommunikation

Es sind nicht die Modelle, wie Lean Management oder Total Quality Management, die die Welt verändern, es sind auch bei aller Notwendigkeit zum Reengineering nicht die Prozesse, die die Arbeit machen, sondern es sind die Menschen, die den Erfolg einer Organisation garantieren. In allen Organisationen arbeiten Menschen – mit und für Menschen, innerhalb und außerhalb der Organisation. Deshalb ist Kommunikation so wichtig.

Begegnung, Austausch, Dialoge – sie schärfen die eigene Wahrnehmung, erweitern den Kontext des Verständnisses und führen zur Überprüfung des eigenen Standpunktes. Jede Information gewinnt durch Weitergabe an Bedeutung. Wissen gewinnt durch (Mit-)Teilung an Wert. Die Organisation wird lebendig, wenn die Menschen in ihr und mit der „Außenwelt" kommunizieren.

„Die kommunikative Organisation" lautet deshalb das Thema des diesjährigen Fachtages Staatskommunikation. Auch im Namen des Rektors der Hochschule, Herrn Univ.-Prof. Dr. Klaus Lüder, möchte ich Sie dazu alle recht herzlich in Speyer willkommen heißen. Es ist, wie auch bei den vorausgegangenen drei Tagungen zum Thema „Staatskommunikation", unser Anliegen, Öffentlichkeitsarbeiter aus dem privaten und dem öffentlichen Sektor zusammenzubringen und sie zu ermuntern, miteinander und voneinander zu lernen. Die Hochschule will dazu das Forum bieten und dadurch, um das Thema des nachfolgenden Vortrags von Dr. Volkmann aufzugreifen, als Stätte des Wissens und der Begegnung dienen.

2. Change Management in öffentlichen Verwaltungen

Viele öffentliche Verwaltungen haben in den letzten Jahren damit begonnen, ihre Organisation zu modernisieren. Sie betreiben damit, ähnlich wie private Unternehmen, ein change management, das sie in die Lage versetzen soll, rechtzeitig für gewandelte Herausforderungen gewappnet zu sein. Der Behördenchef einer solchen Reformverwaltung sagte dazu kürzlich: „Die drei wesentlichen Dinge für den Erfolg eines solchen Modernisierungsprozesses sind: Kommunikation, Kommunikation und nochmal: Kommunikation." Wir wollen uns deshalb drei Beispiele von Veränderungsprozessen, in der Stadt Saarbrücken, dem Kreis Soest und dem Land Baden-Württemberg, anschauen und miteinander diskutieren, welche Rolle die Kommunikation mit den Beteiligten für den Erfolg dieser Veränderungsprozesse gespielt hat und wo gegebenenfalls noch Verbesserungspotentiale vorhanden sind.

Erfolgreiche Modernisierungsvorhaben können nicht von oben oder von außen verordnet werden. Es reicht nicht, daß ein Parlament eine Reform beschließt, ein Verwaltungschef sie anordnet oder ein Berater von außen eine Sonde an die Organisation anlegt. Vielmehr müssen Reformen, wenn sie wirksam sein sollen, einen Veränderungsprozeß im Innern in Gang setzen. Wie jede Veränderung ist dies mit Bedenken, Unsicherheit und Widerständen verbunden. Die Reform kann daher nur dann gelingen, wenn die Mitarbeiter von Anfang an in den Reformprozeß einbezogen werden. Ziel muß es dabei sein, Vorteile der neuen Arbeitsweise aufzuzeigen, Anreize zur Veränderung zu schaffen sowie konkrete Eigenerfahrungen mit den neuen Methoden zu ermöglichen. Es muß eine Modernisierung in den Köpfen stattfinden, die dem tatsächlichen Änderungsvorgang eine hohe Akzeptanz- und Bereitschaftsgrundlage vermittelt. Die von der Modernisierung Betroffenen müssen sich zumindest mehrheitlich mit ihr identifizieren können, wenn das Entstehen von Ängsten und Widerständen verhindert werden soll. Ein integratives Veränderungsmanagement in der Form eines Organisationsentwicklungsprozesses ist daher zwingende Voraussetzung für einen erfolgreichen Veränderungsprozeß.

3. Bürger 2000

Verwaltung 2000 war die Leitvorstellung vieler Reformvorhaben und -kommissionen in den letzten Jahren. Bürgerinnen und Bürger kamen in diesem Reformkonzepten selten vor. Manche entschuldigten dies mit dem Hinweis, daß eine Modernisierung der öffentlichen Verwaltung ja auch dem Bürger als Steuerzahler und Leistungsempfänger zugute komme. Andere verfuhren schlicht nach dem Grundsatz: Die deutsche Verwaltung funktioniert eigentlich ganz gut – das einzige, was stört, ist der Bürger! Zunehmend wird jedoch erkannt, daß die Information und Kommunikation mit dem Bürger auch und gerade im Zusammenhang mit Verwaltungsreformprozessen nicht nur als Verstärker öffentlicher Leistungen dienen kann, sondern auch Transparenz, Verständnis und neues Engagement für das Gemeinwesen fördert. Ohne Bürger ist kein Staat zu machen und ohne Bürger ist auch keine Stadt zu machen! Wer A wie Amt sagt, muß auch B wie Bürger sagen.

Wir wollen uns daher im Arbeitskreis 2 einige Beispiele anschauen, wie der Bürger über ein qualifiziertes Informationsangebot Identifikationschancen erhalten und zur Mitwirkung an dem Bau des Gemeinschaftshauses Stadt befähigt werden kann. Ein besseres Wissen um und von der Stadt erleichtert den Zugang und den Umgang mit der Stadt. Durch die neuen Modelle von Bürgerberatungs- und Informationssystemen bis hin zum Konzept einer „intelligent city“ werden die bereits aus anderen Städten bekannten Bürgerbüros und Servicezentren in eine neue Dimension übergeführt. Nicht nur der „point of information“, sondern auch der „point of government“ wird dadurch verändert.

Schließlich wird im Arbeitskreis 2 am Beispiel der Stadt Worms gezeigt, wie sich Kommunen im Internet präsentieren können. Die ständig wachsende Zahl der Internet-Nutzer hat dazu geführt, daß auch Verwaltungen dieses System als Marketing-Instrument entdeckt haben. Sowohl Einheimische als auch Touristen können sich dadurch eine bessere Orientierung über die Stadt verschaffen, ebenso erleichtern entsprechend aufbereitete Informationen Gewerbeansiedlung und Wirtschaftsförderung. Im Foyer der Hochschule wird darüber hinaus ein weiteres Beispiel aus der Stadt Mannheim vorgestellt.

4. Kommunikation im Netzwerk dezentraler Einheiten

Die Privatwirtschaft hat in den letzten Jahren damit begonnen, große, unbewegliche Tanker in kleine, flexible Flottillenverbände aufzulösen. Sie machen verkrustete Zentralbereiche überflüssig, beseitigen damit unnötige Overheadkosten und sind in der Lage, ihre Prozesse schneller zu verändern und auf neue Kundenwünsche zu reagieren. Problematisch könnte allerdings sein, wie angesichts der vielfältigen autonomen und selbstorganisierten Einheiten ein gemeinsamer Verband, eine einheitliche corporate identity und Zielfindung gewahrt werden können und ein notwendiger Austausch des in den einzelnen Einheiten gewonnenen Wissens garantiert werden kann. Dazu wollen wir uns heute vormittag zunächst anschauen, wie ein großer Industriekonzern dieses Problem angeht.

Heute nachmittag wollen wir dann in Arbeitskreis 3 Kommunikation bei verteilten Behördenstandorten diskutieren. Ein Musterbeispiel ist dabei die Aufteilung der Bundesministerien zwischen Bonn und Berlin, deren Nachteile durch den Informationsverbund Berlin-Bonn abgemildert werden sollen. Zugleich verdient dieser Informationsverbund aber auch als Modell für eine innovative Verwaltung besondere Aufmerksamkeit. Die in diesem Zusammenhang gemachten Erfahrungen können für die Kommunikation zwischen verteilten Standorten im Bereich europäischer Institutionen, von Landesbehörden, die etwa in großen Ländern zunehmend in die Fläche ausgelagert werden, oder Kommunalverwaltungen, die nach der Gebietsreform bestimmte Außenstellen beibehalten haben, aber auch im privaten Bereich Bedeutung gewinnen. Ein weiteres Beispiel, das im Zusammenhang mit dem Informationsverbund Berlin-Bonn durchgeführt wird, stellt das Pilotprojekt Politeam dar, in dem verschiedene Teile der mecklenburgischen Landesregierung mit der Landesvertretung in Bonn, dem Informationsbüro in Brüssel sowie einem Büro für Wirtschaftsbeziehungen in Tallin vernetzt sind.

Besondere Beachtung verdienen in diesem Kontext auch verschiedene Multimedia-Projekte, die im Großraum von Städten, wie etwa Stuttgart, Nürnberg, München oder in der Zusammenarbeit von Städten gestartet wurden. Dazu wird uns im Arbeitskreis 3 ein Vertreter der Vebacom GmbH das Projekt Infocity NRW vorstellen. Die neuen Medien erwecken vielfältige Chancen und Herausforderungen für Verwaltungen und Bürger. Von Bedeutung erscheint mir dabei insbesondere, daß man Multimedia nicht auf die technisch-ökonomischen Aspekte verkürzt, vielmehr muß dieser Innovationsprozeß durch politische und soziale Maßnahmen flankiert werden. Wichtig ist auf der einen Seite eine den Kompetenzen und dem Vertrauen der Nutzer angemessene Produkt- und Dienstleistungsgestaltung und auf der anderen Seite eine Weiterqualifizierung der Nutzer im Umgang mit den neuen Medien und in der Einordnung und Bewertung der dadurch gewonnenen Informationen.

Regierungen und Kommunalverwaltungen dürfen sich nicht darauf beschränken, Straßen zu bauen, Verkehrsregeln zu erlassen und Schilder aufzustellen. Zusätzlich müssen Leitsysteme entwickelt werden, die einen Filter anbieten oder eine Loipe spuren. Es müssen Routen ausgearbeitet werden, Reiseführer und Kursbücher für die Zusammenarbeit in und zwischen Verwaltungen und den Kontakt zwischen Bürger und Verwaltung. Wir brauchen sowohl in der Verwaltung als auch bei den Bürgern Erfahrungs- und Diskussionsforen, Experimente und Lernspiele sowie eine Anknüpfung an Lebenserfahrungen in der Alltagswelt (etwa Bank, Bahnhof, Arzt, Fernsehen). Darüber hinaus werden auch weiterhin Dolmetscher für die Verständigung von Experten und Mitmachern erforderlich sein. Ihre Aufgaben, meine Damen und Herren, als Kommunikationsarbeiter und Vermittler werden daher trotz oder gerade wegen der direkten und unmittelbaren Zugangsmöglichkeit der Nutzer zu allen vorhandenen Informationen mehr denn je gefordert sein.

5. Die Organisation im Wettbewerb

Die Diskussionen um den Standort Deutschland haben auch vor öffentlichen Verwaltungen nicht haltgemacht. Vielfältige Initiativen und Gesetzesvorhaben zeigen, daß auch die Rolle der öffentlichen Verwaltung als Wettbewerbsfaktor am Standort Deutschland erkannt worden ist. Regional- und Stadtmarketing sind ein Beispiel für die zunehmende Konkurrenz. Über sog. interkommunale Leistungsvergleiche suchen Kommunen bewußt und aus eigener Initiative den Wettbewerb. Teilweise stellen sie sich auch in manchen Dienstleistungsbereichen schon dem Wettbewerb mit privaten Anbietern. Der 3. Speyerer Qualitätswettbewerb 1996 wird diesem Gedanken weiteren Auftrieb verleihen.

Werden die Ergebnisse von Städtevergleichen und Wettbewerben veröffentlicht, so entstehen dadurch zusätzliche Kommunikationsansätze. Werden die Städte darüber hinaus noch in eine Reihenfolge gebracht, wie in einer Bundesligatabelle, und sodann die Vertreterin der Siegerstadt zur „Bürger-Queen" ernannt, so laufen alle Ratsmitglieder Sturm. Telefonanrufe und Leserbriefe häufen sich, die einen fühlen sich ungerecht beurteilt, andere sind stolz auf den erzielten Rang und die damit verbundene Werbung für die Stadt. Selbstverständlich verfolgt ein Magazin dabei auch ein eigenes Kaufinteresse, nicht unterschätzt werden darf aber auch der dadurch entstehende Anreiz für einzelne Verwaltungen, sich an ähnlichen Modernisierungsvorhaben zu beteiligen oder die eigenen Aktivitäten noch zu verbessern. Welche Erfahrungen er bei der Ausarbeitung und Veröffentlichung dieser Städtevergleiche gemacht hat, wird uns zum Abschluß dieses heutigen Tages ein Vertreter des Magazins Focus erzählen.

Ich wünsche Ihnen anregende Diskussionen, neue Bekanntschaften und Kontakte sowie viele verwertbare Impulse und Erkenntnisse für Ihre tägliche Arbeit. Kommunizieren Sie mit, meine Damen und Herren. Von Ihnen hängt es ab, ob die Tagung für Sie und für uns alle ein Erfolg wird.

Städte des Wissens als Stätten der Begegnung*

Dr. Helmut Volkmann, Siemens AG München

1. Schauen Lernen und Phantasie entwickeln

Kinder können ein Bild anschauen und schweigen, das Bild anschauen und schweigen, schauen und dann erst eine Frage stellen und wieder schauen und schweigen. Und wenn der (un-)geduldige Erwachsene schon zum nächsten Bild in einem Bilderbuch wechseln möchte, dann gibt es stummen Protest, Körpersprache beharrt auf Verweilen, und der Vorgang wiederholt sich. Kinder können auf einem Bild sehr viel Neues entdecken.

Sich schweigend ein gutes Dutzend Bilder mit Geduld anzuschauen und sich erst nach einigen Minuten auf eine Argumentation einzulassen, ist ungewohnt. Die Spannung und Stimmung des Schauens und Schweigens ist schwer in einem Text einzufangen. Der Inhalt der Bilder läßt sich nur bedingt mit Worten vermitteln. Denn ein Bild sagt mehr als Tausend Worte. Aber möglicherweise ist es sogar gut so. Das Empfinden des Mangels macht vielleicht bewußt, was einem Diskurs an Potential fehlt, wenn Bilder und Sprache nicht gleichberechtigt und gleichzeitig genutzt werden. Das war in alten Zeiten ganz anders. Es gilt, aus der Not eine Tugend zu machen und sogar ohne die Bilder, nur mit einem knappen Kommentar zur Bilderauswahl, Interesse für das Anliegen zu wecken. Es waren zu sehen:

(1) Titelbild des Spiegels, Ausgabe Nr. 36, 6. Sept. 1993: Was rettet die Wirtschaft? Sozialabbau, Steuersenkung, Rationalisierung: Ein mit Gütern des Wohlstandes beladenes Frachtschiff in schwerer See; Sicht auf das aus dem Wasser schon bedrohlich herausragende Heck

---

* Städte des Wissens, erschienen in: Kornwachs, Klaus/Jacoby, Konstantin (eds.): Information: New Questions to a Multidisciplinary Concept, Akademie Verlag, Bonn 1995

(2) Heiner Altmeppen: Norddeutsche Landschaft 1980/81; Acryl auf Holz – aus der Sammlung Henri Nannen, Kunsthalle Emden: im Hintergrund Ansicht einer Stadt mit ihren industriellen Komplexen
(3) Pieter Bruegel d.Ä.: Turmbau von Babel 1563; auch Sinnbild des informationalen Babylon von heute
(4) Robert Fludd (1574-1637): Der Musikalische Tempel; eine Veranschaulichung zur Harmonielehre
(5) Aufbruch zum Kontinent der Lösungen, Illustration wie aus einem Kinderbuch: Darstellung von Erfordernissen zur Zukunftsgestaltung
(6) Standbilder von baulichen Ensembles aus einer begehbaren Computeranimation: Baukomplexe; Schwebender Baukörper; Turm der Visionen; Gang zu den Zukunftsperspektiven und surrealistisch anmutende Montage
(7) Bilder aus XENIA, der Wissensstadt am Wege zur Informationsgesellschaft (12): Modell der charakteristischen baulichen Ensembles des Zentrums; das Stadtgebiet: Zentrum und umgebende Viertel (Schema der Terrassenstadt); Schematisierte Stadtansicht vom Viertel der Führung mit dem Turm des Wollens; an der Kreuzung der Allee der Inspirationen und der Allee der Konsequenzen

Bilder sagen mehr als Worte. Das „mehr als" besteht im Erfassen von komplexen Sachverhalten und Wirkzusammenhängen auf einen Blick. Das Schaubare bietet Kontextwissen zu den Objekten der Betrachtungen, das sich nur teilweise durch eine Erweiterung des Kommentars zum Ausdruck bringen läßt. Ein Bild ist unscharf und führt dazu, unterschiedliche Akzente bei Interpretationen zu setzen. Es aktiviert – teilweise unbewußt – mentale Potentiale beim Betrachter. Dadurch wird Phantasie freigesetzt und Kreativität mobilisert. Es werden Assoziationen erzeugt und Analogien angeregt, was zu anderen und erweiterten Einsichten führt.

Durch die Veranschaulichung komplexer Sachverhalte und Wirkzusammenhänge läßt sich zusätzliche Information gewinnen, um Komplexität bewältigen zu können. Eine Veranschaulichung ist leichter bei in Natur und Technik anschaubaren Dingen der natürlichen Realität. Eine bildhafte Wiedergabe ist schwieriger bei abstrakten, immateriellen Sachverhalten. Sie muß sich des Symbolhaften, des Schematischen und/oder der analogen Darstellung unter Nutzung vertrauter Bilder bedienen.

Angesichts der zunehmenden Komplexität gesellschaftlicher Zusammenhänge lohnt es sich, weitergehende Versuche zu wagen. Galilei's Botschaft kann VorBild sein: „Messen, was meßbar ist, und was nicht meßbar ist, meßbar machen." Das bedeutet in Analogie: Anschaubar machen, was anschaubar ist, und was nicht anschaubar ist, anschaubar machen.

Als die Mehrzahl der Menschen noch nicht lesen und schreiben konnte, wurden über Bilderwelten in allen Kulturen äußerst komplexe Sachverhalte vermittelt. Es wurde Wissen in Szene gesetzt wie in einem Theater. Die dreidimensionale Welt der natürlichen Realität wurde nicht nur über die Perspektive in Bildern eingefangen, sondern auch genutzt, komplexe gesellschaftliche Anliegen durch Symbole und Metaphern, Märchen und Mythen, figürliche Allegorien, Skizzierungen von Körpersprache und Topologien weiterzugeben. Durch Anschauen und Kommentar wurde Wissen erschlossen und vermittelt.

Mit der Weiterentwicklung von Sprache und Text zu immer komplexeren Formen der Abstraktion mit all ihren Vorteilen, wobei sich das Bildhafte in der Sprache erhalten hat, war es nicht mehr in gleichem Umfange erforderlich, auch immaterielle Sachverhalte durch Anschauung zu vermitteln. Sprache und Text dominieren, zumindest in den Geistes- und Sozialwissenschaften und auch in der politischen Gestaltung der Gesellschaft.

Mit der zunehmenden Integration der Medien-, Computer- und Kommunikationstechnik steht zum ausgehenden 20. Jahrhundert ein Potential zur Verfügung, wieder in verstärktem Umfange „multimedial" zu kommunizieren. Allerdings muß die Gesellschaft der Verführung einer einseitig genutzten Elektronik widerstehen. Neben der elektronischen Kommunikation über Netzwerke muß die persönliche Kommunikation durch Begegnung in ausreichendem Maße gepflegt werden.

Bei den komplexen Problem- und Aufgabenstellungen der Zukunftsgestaltung sind höchst komplexe Sachverhalte zu bearbeiten. Die notwendige Güte der Problemlösungen erfordert ein breites

Kontextwissen. Deshalb ist anzustreben, auch immaterielle Sachverhalte in ihrer Komplexität anschaubar zu machen, Wissen in Szene zu setzen wie in einem Theater und vor allem auch die Begegnung von Menschen als Beteiligte und Betroffene zu fördern. Es müssen erweiterte Formen der Kommunikation geschaffen und genutzt werden. Warum?

2. Etwas völlig Neues wagen

Auf dem Wege zur Problemlösungsgesellschaft

Die reichen, entwickelten Industriegesellschaften müssen etwas völlig Neues wagen. Sie müssen „ihre Zukunft neu erfinden". Darin liegt zugleich eine Chance für die globale Gemeinschaft (8). Eine kurze programmatische Skizzierung genügt, die Erfordernisse zu verdeutlichen:

> Probleme von heute sind Geschäftsmöglichkeiten für morgen. Die gesteigerte Komplexität dieser Geschäfte erfordert eine höhere Qualifikation. Lebenslanges Lernen für den Bürger als Arbeitnehmer und Mitglied der Gesellschaft ist angesagt. Die großen Organisationen müssen schneller lernen. Information muß besser beherrscht werden, damit die Komplexität bewältigt werden kann. Es bedarf eines „geistigen" Aufbruchs mit einer langfristigen Orientierung, der es ermöglicht, auch unbequeme Wahrheiten zu verkraften.

Ziel muß sein, die „Produktivität des Geistes" zu fördern. Die Gesellschaft muß den „Wandel wollen"! Dann kann sie im internationalen Wettbewerb ihre komparativen Vorteile sichern und sich ihren wirtschaftlichen Wohlstand bewahren.

Das Problemlösungsgeschäft

Es geht um die verstärkte Erschließung der Problemlösungsgeschäfte. Die Bedarfs-, Applikations- und Innovationsfelder sind bekannt:

ressourcenschonende Produkte und Recycling, Energieersparnis, umweltschonender Verkehr, sozialverträgliche Arbeit und Automation, gesundes Bauen und Wohnen, Gesundheitsvorsorge, Sicherheit für den Bürger, komfortable Kommunikation, schlanke Organisation und gesicherte Information, sinnvermittelnde Bildung und Kultur, mußevolle Freizeit.

Die Erschließung neuer Märkte erfordert Aufklärung und Informationstransfer, in die viele Verantwortliche und Beteiligte und auch die Bevölkerung einzubeziehen ist. Es muß bewußt gemacht werden, daß in der derzeitigen wirtschaftlichen und gesellschaftlichen Konstellation Lösungen zu den innovativen Herausforderungen der Zukunft in erweiterten und neuen Kontexten erarbeitet werden müssen.

3. Aus der Vergangenheit lernen: Erfahrung nutzen!

Auf der anderen Seite muß und kann die Gesellschaft aus der Vergangenheit lernen, um eine Projektion für die Zukunft zu wagen. Es geht bei der folgenden Analyse nicht um eine Prognose durch Extrapolation, sondern (nur) um die Transpositionen von Erfahrung.

Kondratieff, ein russischer Ökonom, hat versucht, aus der statistischen Analyse der Entwicklung der Industriegesellschaft Informationen für eine verbesserte Planwirtschaft zu gewinnen. Er wurde ein Opfer der großen Säuberung. Die Ergebnisse seiner Arbeiten sind auf Vorschlag von Schumpeter, einem österreichischen Ökonom, unter der Namen Kondratieff-Zyklen bekannt geworden.

Aufgrund der Analysen von Indizes für verschiedene wirtschaftliche Einflußfaktoren kam Kondratieff zu dem Ergebnis, daß sich die wirtschaftliche Entwicklung in langen Wellen von etwa 50 Jahren vollzieht. Einer Phase der Aufbruchstimmung und des Aufschwungs folgt eine Phase der Reife und des Einschwingens auf einem höheren Niveau. Dieser Verlauf läßt sich als innovative Dynamik deuten.

Während in der Phase des Aufschwungs die fundamentalen Innovationen die Entwicklung treiben, dominieren in der Phase der Reife bis zum Ausklang die inkrementalen Innovationen. Fundamentale Innovationen sind im Vergleich zu den inkrementalen Innovationen des Besser, Schneller, Kleiner und Billiger dadurch charakterisiert, daß die Applikationsvorstellungen noch vage sind, die Märkte erst erschlossen werden müssen und neue Technologiekombinationen, basierend auf vorhandenen Erfindungen, noch zu erproben sind. Fundamentale Innovationen erfordern unternehmerischen Spürsinn und Risikobereitschaft für einen hohen Kapitaleinsatz, um ein neuartiges Netzwerk zu schaffen, damit sich die prägenden Applikationen des Kondratieff-Zyklus mit breiter Wirkung nutzen lassen.

Vier Zyklen sind für die Vergangenheit identifiziert worden. Der fünfte Kondratieff-Zyklus, von dem Experten annehmen, daß er durch Applikationen, basierend auf „Wissen und Information" sowie „Ökologie" getrieben werden wird, kann in etwa die nächsten 40 bis 50 Jahre bestimmen. Der Aufschwung durch fundamentale Innovationen erfolgt jedoch keineswegs automatisch. Er ist nicht gesichert, sondern wird durch unternehmerisches Verhalten bestimmt. Bei einer Berufserfahrung von vielleicht 20 bis 25 Jahren in einer Führungsposition verfügen Verantwortliche heutzutage kaum über Erfahrungen aus einer Phase eines Aufschwungs einer langen Welle. Sie können nur aus der Analyse der Vergangenheit lernen.

Eine Analyse der bisher vier identifizierbaren Kondratieff-Zyklen zeigt, daß alle Zyklen durch eine vergleichbar charakteristische Konstellation geprägt wurden, die den Beteiligten und Betroffenen auch bewußt wurde und zur Aufbruchstimmung beigetragen hat:

- Es waren jeweils einige wenige neue Applikationen, die im Vergleich zum vorangegangenen Zyklus in der Breitenwirkung ein fundamentales Bedürfnis befriedigt und den gesellschaftlichen Fortschritt geprägt haben (Dampfmaschine, Eisenbahn, Beleuchtung, Kino, Telefon, Auto, Fernsehen, Computer, Raketen).
- Die jeweils breite Anwendung war mit der Schaffung eines flächendeckenden Netzes verbunden und erforderte ein erhebliches unternehmerisches Investment (Eisenbahnnetze, Energieverteilungsnetze, Autobahnnetze, Kommunikationsnetze).
- Die genutzte Technologiekombination ging teilweise auf Erfindungen älteren Datums zurück, war also zum Zeitpunkt des Aufschwungs schon bekannt.

Unter der Annahme, daß eine derartige Konstellation auch im fünften Kondratieff-Zyklus prägend sein wird, lassen sich Anhaltspunkte gewinnen, die die notwendigen fundamentalen Innovationen des fünften Kondratieff-Zyklus bestimmen helfen. Um es noch einmal einzugrenzen: Die prägenden Applikationen werden neu, d.h. zu Beginn des Zyklus noch gar nicht vorstellbar sein. Das flächendeckende Netz wird ein neues Netz sein, das auf den bisherigen Netzen aufbaut, während die Technologiekombination eher im Bekannten wurzelt.

Die Vermutung ist, daß die Applikationen Bedürfnisse befriedigen, die im Kontext „Wandel wollen" zu suchen sind: komplexe Verfahren der Wissensverarbeitung im Dienste von Erfordernissen wie

> lebenslanges Lernen, gesellschaftlich richtig rechnen, sustainable development, Aufklärung, „ungeschminkte Wahrheit", Konsumverzicht, komparative Vorteile, langlebige Produkte, Kommunikationskultur, sozialer Friede.

Die Technologien stehen im Dienste der Beherrschung von Information zur Bewältigung von Komplexität. Veranschaulichung mit Ästhetik ist gefragt (ein Bild sagt mehr als tausend Worte), und die Wirkungen auf den Benutzer müssen die Informationsverarbeitung fördern. Trends in der medialen Kunst zeigen interessante Ansätze. Aber erst die Kombination aller drei Faktoren der Konstellation wird den Durchbruch bringen. Ideen müssen gewagt werden.

4. Aufbruch zum Kontinent der Lösungen

Eröffnung eines Dialogs

„Ich erinnere mich", sagte ein Teilnehmer später zu einem anderen, der nicht mehr dabei sein konnte – vielleicht mußte er dringend abreisen oder er wollte sich noch die Stadt ansehen – „ich erinnere mich", wiederholte der Teilnehmer, „an eine fiktive Meldung (6):

> Auf den Tag genau wie geplant ist rechtzeitig zum Jahrtausendwechsel am 31. Dezember 1999, 9,00 Uhr, die unter Führung des Alpha-Konsortiums mit einem Kapital von rund 550 Mill. Dollar erstellte Knowledge City in einem Vergnügungsareal im Pazifischen Raum nach nur dreijähriger Bauzeit ans Netz der Breitbandkommunikation gegangen. Die Betreiber sind optimistisch, in schon weiteren drei Jahren eine vollständige Refinanzierung zu erlangen."

„Knowledge City? Eine Wissensstadt, das ist doch eine Utopie, wenn nicht gar Unsinn", meinte der andere. „Wartet es ab", erwiderte der Erste. „Es ist ein weiches Signal; man muß es nur zu deuten wissen. Möglicherweise würdet Ihr anders urteilen, wenn Ihr die Illustration 'Aufbruch zum Kontinent der Lösungen' gesehen hättet. Eine Illustration wie aus einem Kinderbuch", fügte er noch hinzu.

„Wie, aus einem Kinderbuch?" fragte der andere eher ungläubig. „Ja", erwiderte der erste schlicht. „Wie aus einem Kinderbuch." „Aber warum denn so eine Kinderei!" rief der andere. „Tja", meinte der erste, „Ihr hättet den Anfang miterleben müssen." Am liebsten hätte er geschwiegen, aber wie sollte er sich ohne Bild mit Schweigen verständlich machen? Etwas schien der andere angesichts der zögernden Antwort aber doch begriffen zu haben, denn er fragte: „Was war denn auf der Illustration zu sehen?"

Begegnung mit einer fremden Welt

Der Erste setzte etwa mit folgendem Kommentar ein: „Die Illustration 'Aufbruch zum Kontinent der Lösungen' erzählt dem aufmerksamen Betrachter eine Geschichte. Die Geschichte von der aktiven Zukunftsgestaltung und was die Verantwortlichen tun können, um den Kontinent der Lösungen zu erreichen. Wer die Illustration gesehen hat, wird sie nicht vergessen. Eindrücke sind kaum in Worte zu fassen und Dritten schwer zu vermitteln. Einige Hinweise laden vielleicht aber doch ein, den Aufbruch schon zu wagen, zumindest einen Besuch Der andere unterbrach ihn. „Nun erzählt schon", drängte der andere, „was ist denn auf dem Bild dargestellt?"

Und der Erste fuhr fort: „Im Meer der Wissensexpansion mit seinen riffartigen Bedrohungen und gewaltigen Informationsfluten steuern die Kapitäne mit den Schiffen der Problemlösungen einen falschen Kurs. Bei den unausweichlichen Havarien retten sich einige mit dem Rettungsboot 'lean' und kehren nach Babylon zurück. Und Babylon produziert Probleme in allen Richtungen, und die Problemwolken reagieren mit zunehmendem Blitz und Donner, Unwettern, Erdrutschen und vielfältigen anderen Bedrohungen. Ein tückischer Kreislauf, der unterbrochen werden muß. Warnend schwebt der Ballon mit der Botschaft 'ein Volk ohne Vision geht zugrunde' über dem Geschehen. Merkur ruft den einen Vernünftigen.

Spätestens nach der nächsten Havarie – am besten schon vorher – sollten die Beteiligten auch das Rettungsboot 'keen' nutzen, um zu den in der Zukunft gelegenen Inseln der Hoffnungen und Bedürfnisse gelangen zu können. Dort werden sie weitere Rettungshilfen finden: den Aufklärer, den Satelliten zum Empfang weicher Signale, alles Hilfen, um den Kontinent der Lösungen zu entdecken. Er liegt verborgen hinter der Inselkette der wahren Bedürfnisse. Wenigstens einer muß bis dorthin gelangen, um von dort Orientierungssignale aussenden und die neuesten Erkenntnisse aus der Zukunft in die Gegenwart transponieren zu können (13). Es muß Orientierung gewonnen werden, um den richtigen Kurs zu steuern.

Die aus der Zukunft erlangbaren, 'über den Wolken' produzierten und transferierten Lösungsansätze können in die Wissensstadt gelangen, zu Lösungen aufbereitet und vermittelt werden. Diese Städte des Wissens müssen die Schiffe der Problemlösungen anlaufen, um eine zukunftsorientierte Ladung zu löschen, und mit neuartigen Orientierungen versehen, einen sicheren Kurs zu steuern. Es sind viele weiche Signale zu beachten!“

Interpretationen und Konsequenzen

„Hm“, murmelte der andere vielsagend, als der erste geendet hatte. „Verwegen, so eine Darstellung, aber interessant. Die Zustände der Gesellschaft und die Wege, etwas völlig Neues zu wagen, durch eine Darstellung wie in einem Kinderbuch zu veranschaulichen.“ Der erste nickte zustimmend und wollte noch hinzufügen, daß Merkur, der

Götterbote, versucht hat, im Auftrage der Götter den einen Vernünftigen zu finden, um die Botschaft der Götter für das Leitbild „Städte des Wissens als Stätten der Begegnung" zu überbringen. Aber er kam nicht mehr dazu.

„Ungewohnt, sehr ungewohnt", setzte nämlich der andere wieder an, nachdem er es nochmals überdacht hatte, „auf die Botschaft werden Menschen sehr verschieden reagieren. Es kommt ein bißchen auf deren persönliche Veranlagung an." „Ihr habt recht", erwiderte der Erste, „es ist ja vor allem auch eine sehr unbequeme Wahrheit, die jeden einzelnen und die Verantwortlichen tangiert!" „Wie meint Ihr das?" fragte der andere.

Und der erste fuhr fort: „Möglicherweise sind Kinder die ersten Gründer der Wissensstädte, weil sie die Erwachsenen, die ihr Wissen anhäufen und in sinnentleerten Zusammenhängen artikulieren, nicht mehr verstehen. Kinder bauen sich ihre eigene Welt. Sie besitzen noch die Phantasie dazu, die den Erwachsenen mit Ausnahme der Künstler mehr und mehr abgeht. Kinder werden ganze Wissenslandschaften mit vielen Städten entwerfen, in denen die Visionen zur Zukunft wachsen und gedeihen können.

Zwar rufen Wirtschaft und Politik nach Visionen, aber die Verantwortlichen sind im harten Tagesgeschäft und im Alltag der Politik nicht in der Lage, nehmen sich zumindest nicht die Zeit, Visionen zu erkennen und zu erleben und auszugestalten, geschweige denn eigene zu entwickeln. Das muß sich ändern (10) und das wird sich mit Hilfe der Wissensstädte auch ändern lassen (11).

Denn jeder Mensch ist kreativ bis ins hohe Alter hinein. Die kreativen Kräfte müssen nur geweckt werden (Beuys). Es werden, bedingt durch die großen globalen Herausforderungen der Welt, Wissensstädte entstehen müssen, um die Information zur Bewältigung von Komplexität überhaupt noch beherrschen zu können. Die Gesellschaft braucht Visionen, keine Ideologien (8). Und die notwendige Phantasie läßt sich durchaus mit Systematik mobilisieren.

Kinder sind große Entdecker der Realität. Sie sehen auf einer Zeichnung eines komplexen Sachverhaltes Einzelheiten und Zusammenhänge, die ein Erwachsener zunächst gar nicht wahrnimmt. Erst die Fragen des Kindes lassen ihn gewahr werden, was man auf einer 'kindlichen Zeichnung' oder einer Zeichnung für Kinder alles sehen und im Geiste erleben kann.

Mit Hilfe einer solchen Kinderbuch-Illustration soll der Besucher in die Wissenslandschaften mit den Wissensstädten geführt – wenn es sein muß, vielleicht sogar entführt werden!“ Und er setzte noch hinzu: „Kinder werden nicht zögern zu fragen, was sich hinter den Nummern auf der Illustration vom Kontinent der Lösungen verbirgt, sich möglicherweise erkundigen, ob es sich um einen Adventskalender handelt.“ „Und was steckt dahinter?“ fragte der andere. „Ein Hypersystem“, erwiderte der Erste, „mit einer Reihe weiterer Analysen zum Verständnis des Leitbildes Städte des Wissens als Stätten der Begegnung“, „und“, fügte er noch hinzu, „eine Einladung, die erste Wissensstadt zu besuchen. Sie heißt übrigens XENIA, wie ich dem Prospekt entnehmen konnte (12). XENIA, Wissensstadt am Wege zur Informationsgesellschaft.“

„XENIA, die Gastliche?“ wurde der andere jetzt lebendiger, „auch die Gastgeschenke, aber im Wortstamm auch das Fremde beinhaltend?“ Und kommentierend fügte er hinzu, „ein Symbol für die Gratwanderung zwischen dem Fremden und der Erwartung des Gastlichen beim Aufbruch zum Kontinent der Lösungen? Von XENIA würde ich gern mehr erfahren!“ Soweit eine kleine Begegnung zweier Kongreßteilnehmer in XENIA.

5. Das Leitbild: „Städte des Wissens als Stätten der Begegnung“

Das Vorhaben, auf das mit dem schweigenden Anschauen von Bildern eingestimmt und mit dem fiktiven Dialog über die Illustration hingeleitet wurde, ist der Ableitung und Konkretisierung des Leitbildes „Städte des Wissens als Stätten der Begegnung“ gewidmet.

Vielleicht sollte die fiktive Meldung doch ernst genommen werden. Die in der Meldung versteckte Wagnisidee sucht Wagniskapital (6). Sie ist durchaus keine Utopie (mehr), sondern eher schon eine sich konkretisierende Vision, die eine ganze Reihe von beobachtbaren Entwicklungen zu einem praktikablen Leitbild integriert.

Das Vorbild für die Wissensstadt ist die historisch gewachsene Stadt. Sie repräsentiert in ihrer Anlage und Gestaltung auch die Intentionen und Ansprüche ihrer Erbauer. Ihr Erscheinungsbild demonstriert Herrschaft und Repräsentation, ist Ausdruck von Kultur und sozialen Milieus, vermittelt urbanes Leben und Stimmungen der Geschäftigkeit und des Müßiggangs. Sie lebt von und mit ihren Bewohnern. Sie lädt zu Besuchen ein. Kurz: Eine Stadt drückt das Lebensgefühl ihrer Bewohner aus – sie repräsentiert sich als Kontext (3). Bilder zeitgenössischer Künstler legen davon Zeugnis ab.

Der Besucher gewinnt Wissen, indem er die Wissensstadt vor Ort in einer Stadt erlebt. Entweder wird ein Thema in einem Ausstellungsgelände mit eigens baulich gestalteten Ensembles präsentiert, oder es kann die Wissensstadt als Computeranimation, die für ein spezielles Thema im Erscheinungsbild und als Erlebniswelt einer Stadt angelegt ist, in künstlicher Realität besichtigt werden. Beide Verfahren lassen sich miteinander kombinieren.

Wissen wird durch die Topologie und Anlage der Wissensstadt, die Gestaltung der baulichen Ensembles (Fassaden, Grundrisse und die Innenarchitektur der Veranstaltungs- und Ausstellungsräume), das Angebot an immateriellen Waren in multimedialer Ausführung, die Positionierung von Metawissen auf Hinweisschildern in allen Teilen der Stadt repräsentiert.

Eine solche Wissensstadt kann als Miniatur, vergleichbar einer größeren Ausstellung, gebaut werden oder als künstliche Realität mit Hilfe von Medien und Computertechnologien im Arbeitszimmer und auch im Wohnraum realisiert und auch in Kombination beider Realitäten verwirklicht werden. Entscheidend ist, daß Wissensstädte als Stätten lebenslangen Lernens gestaltet werden und die persönliche Begegnung zwischen Beteiligten und Betroffenen ermöglichen.

Die technologischen Mittel sind jedenfalls weitgehend vorhanden, und weitere technische Potentiale wie die Holographie können auf Sicht integriert werden. Weltausstellungen, Messen und Besuchsstätten von Firmen werden technisch und ästhetisch äußerst attraktiv hergerichtet und bieten vielfältigen Zugang zu neuen Informationen. Computernetzwerke bieten Foren für Diskussionen. Der Museums- oder Stadtrundgang im und mit dem Computer ist mit Hilfe der CD-ROM schon für den Endverbraucher erwerbbar. Die Technik läßt auch für äußerst anspruchsvolle Applikationen kaum Wünsche offen und wird eindrucksvoll in „Themenparks“ und „Futur-Städten“ für Präsentationen genutzt (5). Das materiell Erfahrbare aus Natur und Technik wird anschaulich dargestellt. Der Einsatzzweck ist die Unterhaltung. Über Datenautobahnen läßt sich sogar die Telepräsenz realisieren. Und dann?

Was dort fehlt, sind zukunftsweisende Inhalte zum Wandel der Gesellschaft. Was fehlt sind Methoden, um auch komplexe Sachverhalte und Wirkzusammenhänge ideeller und immaterieller Art zu veranschaulichen. Mehr noch, es fehlt an Bewußtsein, daß für den Wandel der Industriegesellschaft neue Wege beschritten werden müssen! Denn es sind äußerst komplexe Sachverhalte durchzuarbeiten und höchst komplexe Wirkzusammenhänge zu meistern. Das übliche Repertoire an Methoden zur Erschließung, Aufbereitung und Vermittlung von Wissen reicht dazu nicht aus.

Wissensstädte sollen Wissen in seinem Kontext auch zu immateriellen Sachverhalten und Wirkzusammenhänge repräsentieren. Das geht weit über die bisher realisierten Themenparks hinaus.

Die Gestaltung einer Wissensstadt ist eine thematische, vor allem eine methodisch-didaktische Herausforderung, der sich neue Berufe und Institutionen widmen können.Letztlich muß immer das Originaldokument studiert werden. Aber auf dem Wege dorthin kann vielfältiger Komfort zur Orientierung und Wissensnavigation geboten werden. Ein Benutzer findet Informationen, die er ursprünglich gar nicht gesucht hat, aber im Kontext seiner Überlegungen gut gebrauchen kann.

In einer ersten Ausbaustufe kann der Besuch sogar in Gedanken erfolgen, als ob man sich auf den Besuch einer Stadt vorbereitet. Dazu dienen Prospekte, Stadt- und Reiseführer, Bildbände und Beschreibungen von simulierten Stadtbesuchen.

6. Zur Anlage und Gestaltung der Wissensstadt

Orientierungen für die Projektierung

Eine Wissensstadt ist einem abgrenzbaren Thema gewidmet, das zweck- und zielgruppengerecht aufzubereiten ist. Die in der Wissensstadt für bestimmte Problem- und Aufgabenstellungen zu leistende informationale Wertschöpfung unterscheidet sich je nach Themenstellung, Besuchergruppe und Anliegen in Inhalt, Form und Stil. Diese Differenzierungsnotwendigkeit läßt sich durch architektonische Gestaltung unterstützen.

Es ist der maßgebliche Leitprozeß für die notwendigen Informationsarbeiten zu identifizieren, so daß seine Strukturen in zweckentsprechende Repräsentationen umgesetzt werden können. Bekannte Beispiele sind die Prozeßordnungen des ingenieurmäßigen Arbeitens bei Innovationen, aber auch Gesetzgebungs- oder Verhandlungsverfahren, Curricula in ihrer pädagogischen Umsetzung, Phasenabläufe bei gruppendynamischen Treffen. Der Leitprozeß bestimmt den Gestaltungsrahmen, was wo und wie in der Wissensstadt repräsentiert wird. Die Wissensstadt wird auf eine Erlebniswelt hin angelegt, also nicht vorrangig thematisch gegliedert.

Die an einer Aufgabenstellung zu Beteiligenden müssen einander treffen können. Es geht nicht allein um den Austausch von Faktenwissen, sondern es bedarf je nach Komplexität der Aufgabe in verstärktem Umfang der kontextuellen Verständigung. Die Beteiligten brauchen gemeinsame Orientierungen. Sie müssen verstehen, Wissensordnungen zu nutzen und ggf. zu erzeugen. Es müssen geeignete Denk- und Arbeitsmethoden zweckentsprechend eingesetzt werden. Ein Mittel zur Erreichung dieser Ziele ist eine verstärkte Nutzung der Veranschaulichung von komplexen Sachverhalten und Wirkzusammenhängen auch immaterieller Art. Die Anlage und Gestaltung einer Wissensstadt steht unter der generellen Zwecksetzung der Beherrschung der Information zur Bewältigung von Komplexität.

Wissensobjekte stehen in einem Kontext zueinander. Über Wissensobjekte lassen sich Aussagen zu Inhalten unter vielen Aspekten, zu Formen der Methodik und Didaktik und zur Art der medialen Repräsentation machen. Das kontextuelle Verknüpfungspotential von Wissensobjekten ist – wenn es bewußt reflektiert wird – um ein vielfaches umfangreicher als der Stoff.

Gestaltungsansätze und Gestaltungsbeispiele

Die Planung und Projektierung der Wissensstadt geht im Prinzip vom Kontextwissen aus und wird schrittweise auf das Objektwissen hin fokussiert. Das Kontextwissen ist im Erscheinungsbild und als Erlebniswelt einer Stadt zu vermitteln. Es dient der Orientierung und der Unterstützung bei der Wissensnavigation.

Das Gestaltungsspektrum umfaßt die Topologie der Wissensstadt, gegebenenfalls mit einer Umgebung, die Abgrenzung des Stadtgebietes und seine Gliederung in Stadtviertel, die Anlage von Straßen und Plätzen, wodurch Bebauungskomplexe entstehen, die architektonische Gestaltung baulicher Ensembles, den Innenausbau bis zu den Vitrinen für Exponate und/oder den Standort für informationstechnisch gestützte Applikationen. Schließlich ist das Objektwissen in Form von Exponaten oder Applikationen zu veranschaulichen.

Die Kunst besteht darin, thematische und methodische Anliegen im Rahmen dieses Gestaltungsspektrums umzusetzen und medial aufeinander abzustimmen. Die Gesamttopologie der Stadt wird am Leitprozeß orientiert. Durch die Anlage von Straßen und Plätzen lassen sich weitere Prozesse veranschaulichen. Die Bebauungskomplexe repräsentieren kontextuelle Cluster, in den baulichen Ensembles wird Objektwissen versammelt.

Bei der Gestaltung der baulichen Ensembles lassen sich durch differenzierte Formen der Baukörper unterschiedliche methodisch-didaktische Ansätze symbolisieren. Der Gestalter muß sich mit prinzipiellen Erfordernissen auseinandersetzen und das Typische als erkennbaren Leitgedanken repräsentieren. Vorgaben für den Gestalter lassen sich kurz beispielhaft charakterisieren.

Die Galerien laden ein, sich mit anderen zu treffen, Wissensobjekte anzuschauen, sich in Gedanken reflektierend und auch meditierend zu bewegen, um die Erfordernisse für eine Problem- und Aufgabenstellung erkennen zu können.

In der „Werkstadt des Wandels", einem sechseckigen Bauwerk, wird mit sechs einfachen Fragen die Bearbeitung einer Problem- und Aufgabenstellung eingeleitet: Was ist geschehen? Warum wird was geschehen? Was wollen wir überhaupt? Was können wir wagen? Was soll geschehen? Was muß geschehen, damit?

Der Permanente Informationenmarkt wird komplementär reguliert. Der Informationsbroker versorgt potentielle Informationsnachfrager mit Wissensobjekten ihres Interesses, und er ist stolz darauf, wenn die Zahl der Rückweisungen in Grenzen bleibt. Ergänzend wirkt ein anderer Agent, indem er den Informationsverwendern aus ihren Beständen Informationen entzieht, ohne daß diese protestieren. Dadurch wird ein stets aktueller Wissensstand garantiert.

Der Turm der Visionen symbolisiert die Herausforderung: „Wer auf einem Turm steht, hat eine große Übersicht!" Das Inszenarium dient dazu, Wissen in Szene zu setzen wie in einem Theater. Infotainment signalisiert, die vergnügliche Art des Lernens zu nutzen. So hat jedes Bauwerk eine ganz bestimmte Funktion.

Die Gestaltung der Fassaden und die Ausgestaltung der baulichen Ensembles läßt sich für weitere Veranschaulichungen, auch des Immateriellen, nutzen. Es geht nach den methodisch-didaktischen Anliegen um eine verstärkte Hinwendung zu Sachaussagen.

Es können Fassaden und Eingangsbereiche, Hallen und Treppenaufgänge, Innenräume mit Fenstern und Türen genutzt werden, um Aussagen über Wissenskontexte und Wissensobjekte in veranschaulichter Form zu übermitteln. Inhaltliche Zusammenfassungen und Akzentsetzungen, Kommentare und Botschaften zur Sache lassen sich anschaulich repräsentieren. Ein Besucher erkennt schon vorher, was ihn in einem Gebäude seines Interesses und bei einer Besichtigung im Inneren im Detail erwartet. Das zu Schauende wird schrittweise aufgeschlüsselt. Allein schon die Ästhetik von Darstellungen und die Vielgestaltigkeit dreidimensionaler Repräsentationen erlauben, eine Dichte der Informationsvermittlung zu erreichen, die mit gewohnten Formen nicht zu leisten ist.

Anregungen, wie sich abstrakte Aussagen visualisieren lassen, finden sich in Werbung und Design und in der Kunst. Die Welt der Kultur ist reich an Beispielen der Veranschaulichung von komplexen Sachverhalten, auch immaterieller Art. Schon in der Gedächtniskunst der Antike (15) wird die Struktur eines Gebäudes benutzt, um sich die Reihenfolge der Argumente bei einer Rede zu merken. Auch in der Renaissance wurden bauliche Anordnungen und Fassaden genutzt, um Wissenszusammenhänge zu verdeutlichen (z.B. Camillos Gedächtnistheater, Tempel der Musik von Robert Fludd). Grundprinzipien der Malerei hat Giovanni Lomazzo (1538-1600) – ohne es zu zeichnen – am Sinnbild des Tempels dargelegt. Hier sind noch viele Quellen zu erkunden (1). Dieses Informationsmaterial muß methodisch-didaktisch für das Anliegen erschlossen und aufbereitet werden (9). Es ist Forschungsarbeit zu leisten.

Es bietet sich an, die modernen Ausdrucksformen der „Medienkunst“ und „Medienarchitektur“ (4) mit den Formen- und Bildsprachen der alten Kulturen zu kombinieren. Im Angesicht des Bildhaften fangen die Gedanken an, neue Wege zu gehen.

Mit einer Wissensstadt entsteht ein äußerst komplexes Netzwerk an Wissen, das jedoch durch die anschauliche Art der Repräsentation beherrschbar bleibt. Für die Orientierung und zur Unterstützung der Wissensnavigation erhält der Besucher eine ganze Reihe kontextueller Hinweise. Sie werden über mehrere Kommunikationskanäle als sogenannte Leitsysteme angeboten. Es fungiert die natürliche Realität der Stadt als Vorbild.

An vielen Stellen in der Wissensstadt lassen sich Hinweise anbringen, wer was zu bieten hat: Leuchtreklamen, Litfaßsäulen, Aushänge, Schaukästen, Vitrinen, elektronische Portiers etc. Mit der Namensgebung von Straßen und Plätzen und auch für Gebäude lassen sich weitere Aussagen über Wissensobjekte und ihre Kontexte verbinden. Beschilderungen aller Art – in Analogie zu Verkehrssystemen – führen den Besucher zu den Positionen seines Interesses: Richtungsschilder, Adressen mit Namen von Straßen und Plätzen und Hausnummern.

Wer weiß, was er sucht, kann die Objekte seines Interesses direkt ansteuern. Wer sich in der Wissensstadt umschaut – gleich, ob sie in natürlicher oder künstlicher Realität präsentiert wird – findet Wissen, das er ursprünglich gar nicht gesucht hat, aber im Kontext seiner Überlegungen gut gebrauchen kann.

XENIA, die Wissensstadt am Wege zur Informationsgesellschaft

XENIA ist eine Wissensstadt, die thematisch den Herausforderungen, Problemen und Aufgabenstellungen auf dem Wege zur Informationsgesellschaft gewidmet ist, mit denen sich die reichen und entwickelten Industriegesellschaften auseinandersetzen müssen. XE-

NIA, griechisch die Gastliche, lädt die in die Problem- und Aufgabenstellungen involvierten Gruppen ein, nähere Informationen in der Wissensstadt zu erlangen, die ihren Namen trägt. Dazu gehören Verantwortliche und Experten, Innovatoren und Gestalter aus allen Bereichen von Politik und Wirtschaft, Wissenschaft und Kultur. Dazu gehören auch die Bürger mit ihrem privaten Lebensbereich und in den Organisationen als Betroffene des Wandels.

Diese Wissensstadt bietet nicht nur den Rohstoff Wissen, wie er beim Datenbankretrieval erschlossen werden könnte, sondern aufbereitetes Wissen, sozusagen Halb- und Fertigfabrikate zur Weiterverwendung oder unmittelbaren Nutzung. Die Wissensinhalte sind nach methodisch-didaktischen Erkenntnissen unter Ausschöpfung der medialen Möglichkeiten als Wissensobjekte aufbereitet worden. Sie werden als sogenannte immaterielle Waren in der Wissensstadt auf Märkten und in Geschäften, auf Ausstellungen und in Veranstaltungen, in Bibliotheken und Archiven angeboten. Der Besucher findet Exponate und kann informationstechnisch gestützte Applikationen nutzen. Für die Nutzung des Wissens steht adäquater, methodisch-didaktischer Support bereit

Es wird Gelegenheit geboten, Informationen zu erlangen und Wissenswertes zu vertiefen, gemeinsam zu lernen, Trainings zu nutzen, Innovationen zu bearbeiten, Kooperationen zu verabreden und alles zu tun, um den notwendigen Wandel aktiv zu gestalten. XENIA, Wissensstadt auf dem Wege zur Informationsgesellschaft, lädt den Besucher ein, sich mit der Wissensstadt in ihren verschiedenen Funktionen als Info-Stadt, Lern-Stadt, Werk-Stadt und Handels-Stadt auf einem ersten Rundgang vertraut zu machen. Sie bietet in neun Stadtvierteln in der Anlage als Terrassenstadt einen Weg für die Erarbeitung der fundamentalen Innovationen. Es sind Leitbilder (2) zu erarbeiten. Der Prozeß läßt sich als Leitbild-Management systematisch gestalten (14).

Auf diesem Weg wird in den einzelnen Stadtvierteln ein breites Spektrum an Informationen zum Kontext der Informationsgesellschaft angeboten, und es werden die Möglichkeiten der unterschiedlichen Nutzung aufgezeigt. Ein Anwendungsbereich ist, XENIA auch als Werk-Stadt zu nutzen, um komplementär zur Erschließung fundamentaler Innovationen auch die zur Vermittlung von Wissen benötigten neuen Wissensstädte zu gestalten. Doch noch ist XENIA nicht gebaut. Diese Wissensstadt am Wege zur Informationsgesellschaft ist selbst eine fundamentale Innovation. XENIA wird durch Anwendung in eigener Sache auf sich selbst angelegt und gestaltet werden können.

Das Netzwerk der Wissensstädte

Die „Städte des Wissens als Stätten der Begegnung" repräsentieren ein Leitbild, in dem vorhandene Lösungsansätze neu kombiniert und in dessen Rahmen die noch unbekannten Applikationen betrieben werden können. Das Leitbild ist geeignet, Selbstorganisation zu fördern. Gründer und Gestalter können aktiv werden, Wissenserschließung, Wissensaufbereitung und Wissenstransfer läßt sich auf Basis dieser Infrastruktur fördern. Die Qualität des Angebots, differenziert nach Zielgruppen, entscheidet die Entwicklung einer Wissensstadt.

Es muß ein „Code of Conduct" für die Gründer, Gestalter, Betreiber und Benutzer von Wissensstädten in Übereinstimmung mit dem Willen zum Wandel gestaltet werden. Monopolstellungen und Mißbrauch müssen verhindert werden, ein Gesetz wäre denkbar.

Es ist vorstellbar, daß ein ganzes Netz von Wissensstädten entsteht, bei dem sich einzelne Wissenstädte bestimmten gesellschaftlichen und unternehmerischen Bedarfsfeldern widmen. Mit ihren Wissensvorräten treiben sie untereinander Handel. Diejenigen Wissensstädte, die die meisten Besucher und Benutzer anlocken, werden sich durchsetzen, andere, die didaktisch schlecht gemacht sind oder sich mit Themen beschäftigen, die nicht zukunftsweisend sind, könnten ein Opfer der Aufklärung werden.

Noch ist es eine gewagte Idee für eine Wunschvorstellung (7). Aber Wünsche von heute können Fakten für morgen werden. Städte des Wissens zu bauen, die aktuell und auch virtuell als Stätten der Begegnung aufgebaut und ausgestaltet werden könnten, ist mehr als eine interdisziplinäre Herausforderung. Das Vorhaben ist ein Ansatz zum Wandel und auf Sicht eines der größten Arbeitsbeschaffungsprogramme in der globalen Gemeinschaft. Vielleicht gelingt es, eine Koalition aus „Geist, Macht und Geld" zu schmieden. Eine europäische Initiative?

Quellen und weiterführende Materialien:

(1) Assmann, Jan: Das kulturelle Gedächtnis – Schrift, Erinnerung und politische Identität in frühen Hochkulturen, München 1992
(2) Dierkes, Meinhold: Hoffmann, Ute: Marz, Lutz: Leitbild und Technik. Zur Entwicklung und Steuerung technischer Innovationen, Berlin 1992
(3) Glaser, Hermann: Mythos und Realität der Stadt, in: Deutsches Institut für Urbanistik (Hrsg.): Urbanität in Deutschland, Stuttgart, Berlin, Köln 1991
(4) Thomsen, Christian W.: Zu Möglichkeiten medialen Narrativik in hybriden Architekturen, in: derselbe (Hrsg.): Hybridkultur. Bildschirmmedien und Evolutionsformen der Künste. Annäherungen an ein interdisziplinäres Problem, Siegen 1994
(5) VDI-Technologiezentrum Physikalische Technologien (Hrsg.): Science Center. Präsentation zukunftsrelevanter Technologien. Bestandsaufnahme, Düsseldorf 1993
(6) Volkmann, Helmut: Mehr als Informationsgesellschaft – Wagnis-Ideen für eine aktive Zukunftsgestaltung, in: gdi-impuls 2/91, Rüschlikon
(7) Volkmann, Helmut: Vom Nutzen der Zukunftsforschung, Skizzen zum Leitbild einer Wissensstadt, in: Zukünfte 4/92
(8) Volkmann, Helmut: Gefragt sind Visionen, keine Ideologien, in: Süddeutsche Zeitung vom 9./10. Okt. 1993
(9) Volkmann, Helmut: Zukunft und kulturelles Gedächtnis. Städte des Wissens als Stätten der Begegnung. Vortrag beim VDI/VDE München, 29. Nov. 1993
(10) Volkmann, Helmut: Umgang mit Technologie – Der Faktor Information in Wirtschaft und Gesellschaft, in: Schuppen, Dana; Lukas, Andreas (Hrsg.): Lust auf Leistung. Die neuen Legitimationen in der Führung, Wiesbaden 1993
(11) Volkmann, Helmut: Die Zukunft unternehmen! Unternehmenspolitik: Visionäre Führung und radikale Innovationen, in: Schuppen, Dana (Hrsg.): Kompetenz und Führung. Was Führungsperönlichkeiten auszeichnet. Wiesbaden 1993
(12) Volkmann, Helmut: Städte erleben und Wissen gewinnen. Skizzen zu einem Leitbild für die Informationsindustrie: Städte des Wissens als Stätten der Begegnung. Gedanken zur Eröffnung ei-

nes visionären Vorfeldes. Prospekt Nr. 1. München Februar 1994
(13) Volkmann, Helmut: Information Market for Solving World Problems, in: Liebig, James, E. Merchants of Vision. People Bringing New Purpose and Values to Business. San Francisco 1994
(14) Technologiemanagement in der Informationsindustrie, in: Zahn, Erich (Hrsg.): Handbuch für Technologiemanagement (voraussichtlich Anfang 1995)
(15) Yates, Frances A.: Gedächtnis und Erinnern. Mnemotik von Aristoteles bis Shakespeare, Weinheim 1991

Kommunikation zwischen dezentralen Einheiten

Corinna Freudig, ABB Kommunikation GmbH, Mannheim

Dezentralisierung macht Zentralbereiche überflüssig, beseitigt unnötige Overheadkosten und versetzt Organisationen in die Lage, flexibler auf Herausforderungen einer dynamischen Umwelt zu reagieren.

Damit dezentrale Einheiten nicht völlig autonom agieren und auf eine gemeinsame corporate identity verpflichtet bleiben, ist intensive Kommunikation zwischen den dezentralen Einheiten untereinander und mit der Unternehmenszentrale erforderlich.

Wie erfolgreiche Kommunikation in einem internationalen Unternehmen gelingen kann, wird nachfolgend am Beispiel von Asea Brown Boveri (ABB) dargestellt.

Organisation – ABB Deutschland

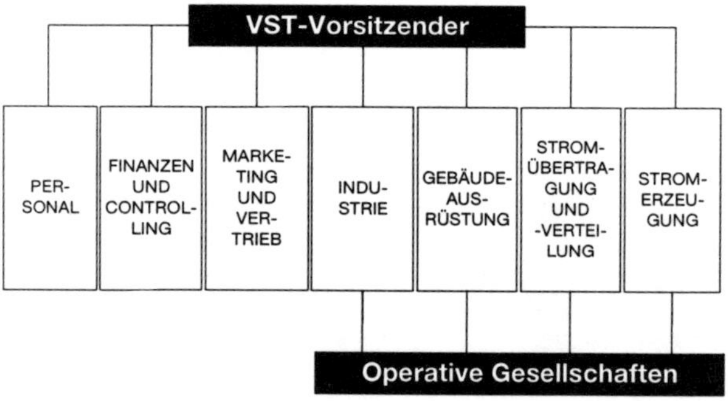

4 Säulen der Kommunikation

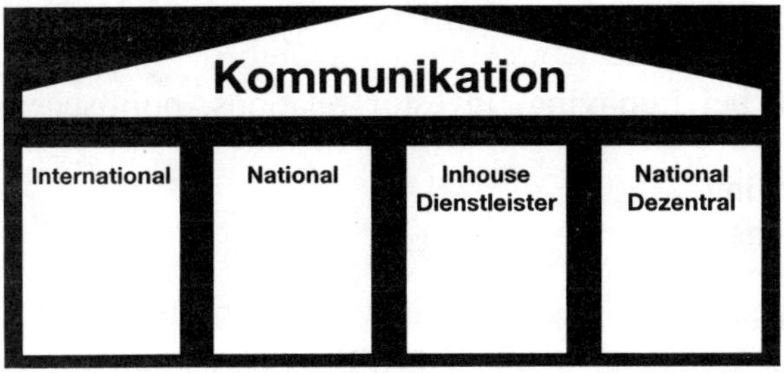

Kommunikation bei ABB

Kommunikation bei ABB

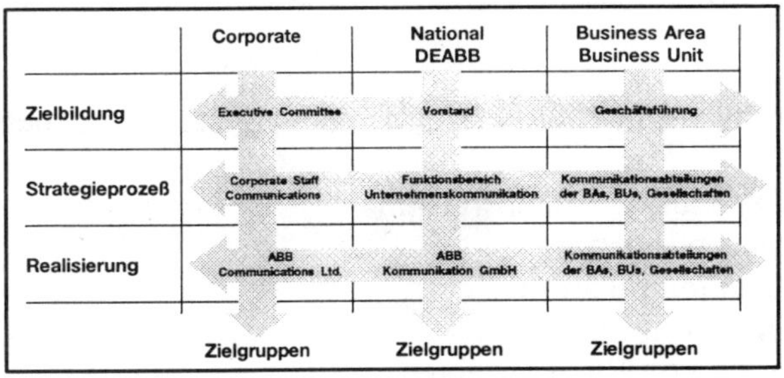

Kommunikation bei ABB

Aufgaben- und Funktionsbereich Unternehmenskommunikation:

- Mitarbeit bei Lobbying, investor relations, politischer Kommunikation
- Ghostwriting
- Stilrichtungen
- Mediaplanung
- Geschäftsbericht
- übergreifende Veranstaltungen (Bilanzpressekonferenz)

Kommunikation bei DEABB

Funktionsbereich Unternehmenskommunikation hat folgende Aufgaben:

- Konzeption (Zielbildung, Strategie, Maßnahmen)
- Koordination
- Formulierung übergreifender Botschaften
- konzernweite Kommunikation integrieren/Schnittstelle
- Rahmen setzen für dezentrale Kommunikation
- Krisenkommunikation
- Kommunikationscontrolling
- übergreifende Pressearbeit
- übergreifendes Sponsoring

ABB Kommunikation GmbH (KOM) hat folgende Aufgaben:

- Image-, Produkt-, Außenwerbung
- Messekonzeptionen
- Interne Kommunikation
- Event-Organisation
- Erarbeitung von PR-Konzepten
- Fachpressearbeit
- Präsentationsmedien

- Werbemittel
- Broschüren und Kataloge

Dezentraler Öffentlichkeitsarbeiter hat folgende Aufgaben:

- Marktkommunikation
- Mitarbeiterkommunikation
- Presse-/Fachpressearbeit
- politische Kommunikation
- z.T. Messen
- z.T. Werbung

DezÖa arbeiten eigenverantwortlich, sind aber gehalten sich mit FKO/KOM zu vernetzen, KOM nimmt Aufgaben für DezÖa wahr, DezÖa bringen sich bei KOM mit Anregungen und Vorschlägen ein.

KOM arbeitet eng mit FKO zusammen – quasi als „verlängerte Werkbank". Funktionsbereichsleiter FKO ist in Personalunion Geschäftsführer KOM. KOM übernimmt Aufgaben für FKO und die dezentralen Gesellschaften. Die KOM ist eine Inhouse-Agentur, deren Leistungen bezahlt werden.

Vorteile:

- intensive ABB-Kenntnis
- direkter Draht zu FKO und zum Vorstand
- gemeinsame Erarbeitung der ABB-Kommunkationsstrategie mit FKO

Vernetzung auf deutscher Ebene

- Leitfaden Öffentlichkeitsarbeit
- segmentübergreifende Task-Force
- übergreifende Kompetenzkonzentration (z.B. neue Medien)
- Planungsgespräche mit GF der dezentralen Gesellschaften
- Aufbau eines Netzwerkes von jedem einzelnen KOM/FKO-Mitarbeiter

Das A und O der gelungenen Vernetzung ist der direkte Kontakt.

- Vernetzer bei der KOM
- regelmäßiger FKO/KOM-Workshop
- regelmäßiger regionaler Jour fixe
- KOMpakt
- KONTAKT
- CD-Checklisten

Vernetzung auf internationaler Ebene

- Booklet Communications Contact
- internationale Communication Meeting
- Corporate Communication Network (länderübergreifende Diskussionen, Infos, Schulungen)
- Austausch von diversen Medien
- bilaterale Kontakte und Treffen
- Berichterstattung über ausländische Gesellschaften im MZ
- Abstimmung der DezÖa mit BA-ÖA
- Kooperation bei bestimmten Projekten (z.B. Messen)
- Abstimmung von länderübergreifenden Presseinformationen

Arbeitskreis 1: Kommunikation bei Veränderungsprozessen

Total Quality Management der Landeshauptstadt Saarbrücken

Raimund Hirschfelder, Saarbrücken

Die Landeshauptstadt Saarbrücken hat mit ihrem Konzept zur Verwaltungsmodernisierung beim 2. Speyerer Qualitätswettbewerb nach dem Urteil einer international besetzten Jury aufgrund „beispielhafter Verdienste um die Verwaltungsmodernisierung“ den Speyer-Sonderpreis erhalten.

1. Eckdaten der Landeshauptstadt Saarbrücken

Saarbrücken (1 92.000 Einwohner) steht als Landeshauptstadt des Saarlandes im Mittelpunkt tiefgreifender struktureller Veränderungen einer Region, die bisher stark von der Montanindustrie geprägt war.

Heute versteht sich die Stadtverwaltung als kommunaler Dienstleister, dessen Hauptaufgabe die Versorgung ihrer fast 200.000 Einwohner mit einer Vielzahl unterschiedlicher Dienstleistungen ist.

Die Stadtverwaltung hat 3.000 Mitarbeiterinnen und Mitarbeiter. Sie ist in 7 Geschäftsbereiche (Dezernate) eingeteilt, denen 40 Ämter und 4 Eigenbetriebe zugeordnet sind. Das jährliche Haushaltsvolumen beträgt knapp 1 Mrd. DM.

2. Die Anlage des Modernisierungsprozesses

Wie viele andere Städte auch muß sich Saarbrücken auf dem Weg zum Konzern Stadt der Strukturreform stellen, die mit dem Etikett

„Neues Steuerungsmodell“ gekennzeichnet wird. Das Konzernleitbild als Ziel ist dabei noch weit von einer allseits akzeptierten Definition entfernt. Möchte man einen Status zuschreiben, so wäre der einer visionären Sollkonstruktion angemessen. Der Modernisierungsprozeß muß deshalb so angelegt werden, daß er selbst flexibel steuerbar bleibt.

Bei den Überlegungen zur Wahl eines geeigneten Veränderungsweges mußte man glücklicherweise nicht bei Null anfangen. Es gab bereits seit geraumer Zeit eine Fülle von Erfahrungen mit größeren Veränderungsvorhaben.

3. Erfahrungen mit Innovationen

Aus heutiger Sicht begann der Prozeß zur systematischen Modernisierung der Stadtverwaltung Ende der 80er Jahre noch ohne geplanten Bezug zu den Gedanken des Neuen Steuerungsmodells aus dem Bemühen heraus, die klassische, damals weitgehend unproduktive Organisationsarbeit durch eine ganzheitlich angelegte, auf neuen Beteiligungsprinzipien fußende Organisatonsentwicklung abzulösen.

4. Zielvorstellungen

Hauptbereich für die Gestaltungsbemühungen sind die Kernverwaltung, die Eigenbetriebe, die Kooperationsbeziehung mit dem Rat und die städtischen Beteiligungen. Auch die Richtung (das Leitbild) ist klar: ein moderner Dienstleistungskonzern – allerdings mit einigen Besonderheiten, die aus der Eigenart des kommunalen Auftrags erwachsen.

Die Modellelemente des Neuen Steuerungsmodells sind integraler Bestandteil des Entwurfs. Sie können sicher bis auf wenige Ausnahmen aus der Leitbildvorstellung des modernen Dienstleistungsunternehmens abgeleitet werden. In Anlehnung an den einschlägigen KGST-Bericht 5/93 und die Ausführungen von Reichard (1994) seien genannt:

☐ Firmenanschrift ☐ Privatanschrift

Name, Vorname

Beruf, Position

Institution, Firma

Straße, Hausnummer

PLZ, Wohnort

Wichtig:
Ihre Daten werden gespeichert und ausschließlich für den Versand aktueller Literaturinformationen des Carl Heymanns Verlages verwendet!

Postkarte

CARL HEYMANNS VERLAG KG
Luxemburger Straße 449

50939 Köln

- Orientierung am Kunden
- Produktbildung (intern wie extern) als Grundlage
- produktbezogene Mengen-, Qualitäts- und Kostenziele
- zielorientiertes Controlling
- Verantwortungscenter (= Strukturen, die entlang von Projektgruppen und darauf bezogenen Kostenstellen gebildet werden und zu einer Parallelisierung von Fach- und Ergebnisverantwortung führen)
- strategische Steuerung der Verantwortungscenter durch Kontrakte mit dem Top-Management
- Qualitätsmanagementsystem
- eine neue Kooperationsbasis zwischen Rat und Verwaltung.

Darüber hinaus gibt es einen Aspekt, der heute bereits vielerorts zur Vorstellung eines modernen Dienstleistungsunternehmens gehört und der in Saarbrücken wesentlicher Bestandteil des Sollkonzeptes ist:

- das Veränderungsmanagement

Ständige Aufgabe des Veränderungsmanagements ist die Organisationsentwicklung und die unternehmensweite Erzeugung eines stetigen Verbesserungsprozesses.

5. Strategische Entscheidungen

Grundsätzliche strategische Fragen, die sich jede Kommune stellt, die sich auf den Weg zur Leitbildumsetzung macht, sind: Welche Schrittfolge wählen wir? Zuerst Budgetierung oder Produktdefinition oder ... ? Soll der Prozeß in Pilotbereichen oder gleich flächendeckend starten? Wer treibt den Modernisierungsprozeß voran, wer ist zuständig, wer macht die Arbeit?

6. Aufbau und Funktionsweise des Veränderungsmanagements

Wir gehen in Saarbrücken davon aus, daß TOTAL QUALITY MANAGEMENT (TQM) die geeignete Ideengrundlage für das ambitionierte Veränderungsmanagement ist, das wir auf dem Wege zum Dienstleistungskonzern entwickeln wollen. Auf konzeptionellem Niveau werden die oben beschriebenen Anforderungen an eine chancenreiche Veränderungsstrategie erfüllt.

Grundgedanke von Total Quality Management ist, daß nur durch das Einbeziehen von Qualität in die Prozesse der Leistungserstellung die Kundenanforderungen und -erwartungen optimal erfüllt werden können. Hierzu gehören nicht nur qualitätsfähige Prozesse, sondern insgesamt ein kundenorientiertes Qualitätsbewußtsein jedes Mitarbeiters des Unternehmens.

Total Quality Management setzt voraus, daß sich die gesamte Organisation und alle Unternehmen des Unternehmens der Zielsetzung „Kundenzufriedenheit" unterordnen. Total Quality Management ist demnach nicht bloß eine erweiterte Qualitätssicherung, sondern eine Unternehmensphilosophie und eine Führungsstrategie, mit der Qualitätsziele als oberste Ziele des Unternehmens verfolgt werden.

Die untenstehende Abbildung verdeutlicht den Zusammenhang zu den weiteren Phasen des Modernisierungsprozesses. Die Darstellung von TQM als Zugmaschine des Veränderungsmanagements trifft den Kern der Sache.

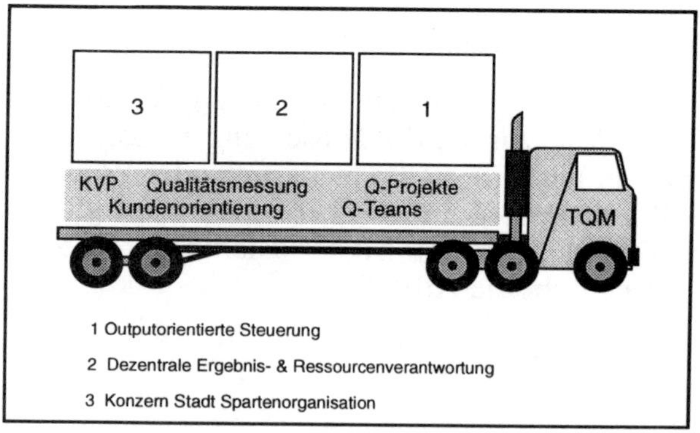

Abb. 1: TQM als Zugmaschine der umfassenden Organisationsentwicklung

7. Was verstehen wir unter Total Quality Management?

Wir betrachten Total Quality Management in erster Linie als Steuerungsmodell für systematische, geplante Veränderungen. Dieses Steuerungsmodell ist die Grundlage für eine am Kunden orientierte, auf Dauer angelegte, verwaltungsübergreifende Organisationsentwicklung. Qualität im oben dargestellten umfassenden Sinne fungiert hierbei als wichtigste Steuerungsgröße. Zum Steuerungsmodell gibt es korrespondierende TQM-spezifische Arbeitsformen, in denen die hauptsächliche Veränderungsarbeit geleistet wird.

Die Art, wie TQM in die vorhandene Organisation implementiert wird, orientiert sich an 6 wesentlichen Leitideen:

1. Die Ausrichtung der Dienstleistung auf den Kunden
2. Aufbau interner Kunden-Lieferanten-Beziehungen
3. Die Dienstleistungen werden in vereinbarter Qualität erbracht
4. Die Qualität der Dienstleistung bewertet der Kunde
5. Fortlaufende Messung aller wichtigen Qualitätsfaktoren
6. Ständige Verbesserung in allen Qualitätsfaktoren

8. Neue Strukturen

Die neuen Strukturen für das Veränderungsmanagement werden im weiteren, so wie es sich in Saarbrücken eingebürgert hat, als TQM-Strukturen angesprochen und beschrieben. Obwohl die Mitarbeiterinnen und Mitarbeiter anfangs wenig mit dem Kürzel 'TQM' anfangen konnten, ist es heute eine feste Vokabel geworden. TQM dient im alltäglichen Sprachgebrauch zur Kennzeichnung aller Veränderungsaktivitäten außerhalb der Linienaufgaben.

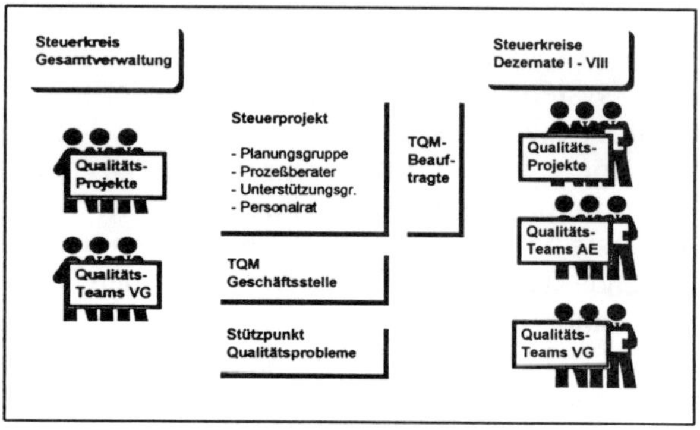

Abb. 2: TQM-Aufbauorganisation

9. Kommunikation und Qualifikation bei der Einführung und Umsetzung von TQM

Erstinformation, begleitende Prozeßinformation und die notwendigen Qualifizierungsmaßnahmen wurden so konzipiert, daß die vielfältigen und unterschiedlichen Bedürfnisse der wichtigsten Zielgruppen befriedigt werden konnten. Die Auswahl der Zielgruppen und der bereitgestellte Informations- und Qualifizierungsaufwand reflektieren den Kompromiß zwischen Bedarf und verfügbaren Ressourcen. Generell gilt, daß trotz vergleichsweise hohen Aufwandes nach wie vor zu wenig getan wird.

Zielgruppe 'Verwaltungsspitze'

Der Start zur flächendeckenden Einführung des TQM-Programms erfolgte mit einem Strategieseminar für die gesamte Verwaltungsspitze. Hierdurch konstituierte sich auch als erstes Element der neuen Strukturen der Steuerkreis Gesamtverwaltung.

Weitere Strategieseminare folgten im halbjährigen Abstand und dienen jeweils dazu, den künftigen Verlauf des Modernisierungsprozesses in seinen großen Zügen festzulegen.

Die Verwaltungsspitze trifft sich routinemäßig jede Woche zur Dezernentenkonferenz. Etwa jede zweite oder dritte Woche stehen TQM-Aktivitäten auf der Tagesordnung, die die Verwaltungsspitze in ihrer Eigenschaft als Steuerkreis Gesamtverwaltung fordern.

Zielgruppe 'Berater'

Nach dem Startschuß durch den Steuerkreis setzte eine spezielle einwöchige Qualifizierung aller wichtigen Multiplikatoren des TQM-Prozesses ein. Hierzu zählen TQM-Prozeßberater, TQM-Beauftragte, das Personal der TQM-Geschäftsstelle, des Stützpunktes Qualitätsprobleme und die Mitglieder der Planungsgruppe.

Zur Vertiefung der erworbenen Kenntnisse, zum Erfahrungsaustausch und zur Abstimmung der weiteren Vorgehensweise finden regelmäßig Treffen der Multiplikatoren statt.

Dabei stehen der aktuelle Stand der TQM-Diskussion und Probleme in Projekten und Teams ebenso auf der Tagesordnung wie Strukturen, Spielregeln, Methoden und Umsetzungskonzepte. Hierbei kommt es zu einem systematischen Erfahrungsaustausch, wechselseitiger kollegialer Beratung und persönlichem Feedback. Dieser jeweils auf einen Tag angelegte Erfahrungsaustausch findet unter externer Leitung mindestens einmal im Halbjahr statt.

Zielgruppe 'Beteiligte an Qualitätsprojekten und Qualitätsteams'

Den Leiterlnnen von Qualitätsprojekten werden in einer dreitägigen Grundschulung die notwendigen Methoden und Fertigkeiten vermittelt, um ihr Projekt erfolgreich steuern zu können. Mitgliedern von Teams und Projekten in der Gründungsphase stehen Schulungsangebote zur Verfügung, die ihnen eine erste Orientierung über TQM geben, sowie das notwendige Rüstzeug an Methoden und Spielregeln vorstellen. Dabei sind die Kurse so angelegt, daß zielgerichtetes und planvolles Verhalten in Qualitätsteams und -projekten soweit wie möglich in eigener Regie inszeniert werden kann.

Zielgruppe 'AmtsleiterInnnen'

Diese Zielgruppe spielt im Umsetzungskonzept eine besonders bedeutsame Rolle. Wenn es gelingt, die Mehrzahl der Amtsleitungen zu einer aktiven Unterstützung des Modernisierungsprozesses zu bewegen, ist der Prozeß selbsttragend. Sie sind ausschließliche Adressaten für folgende Maßnahmengruppen:

- Qualifizierungsmaßnahme „Organisation des TQM-Prozesses auf Amtsebene“
- Informationsveranstaltung zu Fortschritten im TQM-Programm
- Einzelberatung zum Aufbau von TQM-Strukturen und Ableitung von Aktivitäten

Zielgruppe 'Bedienstete der Stadtverwaltung'

Die Erstinformation über Ziele, Ansatz und Umsetzung des TQM-Programms sollte „top down“ über die Amtsleitungen an alle Bediensteten erfolgen. Dies gelang in unterschiedlichem Maße und zeigte gleichzeitig recht früh die Notwendigkeit auf, die Strategie zur begleitenden Information engmaschig und redundant aufzubauen.

Nach diesem Verständnis werden alle bereits vorhandenen Printmedien genutzt und zusätzlich neue, in unterschiedlichem Ausmaß dialogorientierte Vermittlungsformen hinzugenommen.

Mitteilungsblatt:

Das klassische Medium ist das amtliche Mitteilungsblatt der Stadtverwaltung, das im Auftrag des Oberbürgermeisters als Chef der Verwaltung herausgegeben wird. Veröffentlichungen in diesem Blatt, wie z. B. Mitteilungen über Organisationsänderungen, Stellenausschreibungen, sind Entscheidungen der Verwaltungsspitze und haben insoweit bindenden Charakter.

„Über Uns“:

Da das Mitteilungsblatt aufgrund des eher amtlichen Charakters nicht geeignet ist, ein „Wir-Gefühl“ aufzubauen, wurde eine Mitarbeiterzeitung „Ober Uns“ gegründet. Diese Zeitung wird von engagierten Mitarbeiterinnen und Mitarbeitern aus der gesamten Verwaltung gestaltet. Das Themenspektrum erstreckt sich über den gesamten Bereich des Verwaltungslebens. „Ober Uns“ erscheint unregelmäßig in drei bis vier Ausgaben im Jahr und wird an alle Bediensteten der Stadtverwaltung verteilt.

„TQM-Aktuell“:

Da die Einführung einer so umfassenden Ideen- und Handlungswelt wie TQM ein erhebliches Informationsbedürfnis weckt, dem die zitierten Medien allein nicht nachkommen können, wurde mit der Initiierung des TQM-Prozesses auch ein eigenes Medium zur Begleitung dieses Prozesses geschaffen.

Diese Zeitung, die allen Bediensteten zugeht, stellt den TQM-Prozeß vor und greift jeweils konkrete Einzelfragen auf. Gleichzeitig haben die Prozeßberater und TQM-Beauftragten die Möglichkeit, sich und ihre Arbeitsschwerpunkte vorzustellen, so daß diese Informationsschrift auch der Anbahnung von Kontakten zwischen Mitarbeitern und Prozeßberatern/TQM-Beauftragten dient. Schließlich haben die einzelnen Teams die Möglichkeit, ihre Arbeit bzw. einzelne Arbeitsfortschritte zu präsentieren.

Hauptinitiatoren von TQM-Aktuell sind die Mitglieder der Planungsgruppe. Die Federführung liegt bei der TQM-Geschäftsstelle. TQM-Aktuell erscheint etwa alle 2 Monate.

TQM-Info-Markt:

Ziel des TQM-Info-Marktes, den Mitarbeiter für Mitarbeiter organisierten, war es, die Arbeit der einzelnen Qualitätsteams und -projekte der Verwaltungsöffentlichkeit vorzustellen, Lösungsansätze kritisch zu diskutieren und Erfahrungen über die Teams hinweg auszutauschen.

Zielgruppe 'Personalrat'

Der gesamte Personalrat wurde in einer ersten Informationsveranstaltung über das TQM-Programm unterrichtet.

Die Informationsstrategie, die für die Zielgruppe 'Personalrat'von Planungsgruppe und Personalrat gemeinsam entworfen wurde, beschränkt sich zur Zeit auf die ständige Kenntnisnahme von Definitionen und Steuerkreisvorlagen der Qualitätsprojekte. Darüber hinaus beteiligt er sich direkt an strategisch wichtigen Aktivitäten und läßt sich von der Planungsgruppe in vierteljährlichen Abständen über die weiteren Schritte unterrichten. Er war von Anfang an in die Gespräche mit den Gewerkschaften über die Einführung leistungsbezogener Entgeltbestandteile mit eingebunden.

Zielgruppe 'Politik'

Die Stadtratsfraktionen wurden in einer Sitzung des Hauptausschusses erstmals über das TQM-Programm informiert. In einer Dialog-Reihe mit dem Rat wurden die Fraktionen einzeln umfassend über Konzept, laufende Aktivitäten und weitergehende Entwicklungen informiert. Gleiches geschah mit den vier Bezirksräten.

Zielgruppe 'Gewerkschaften'

Das TQM-Programm wurde bei der ÖTV-Saar vorgestellt. Es gab intensive Gespräche mit der ÖTV und der KOMBA über die Einführung leistungsbezogener Entgeltbestandteile, die dann im Juni 1995 zum Abschluß eines Tarifvertrages führten.

Zielgruppe 'Kommunaler Arbeitgeberverband'

Der Kommunale Arbeitgeberverband wurde in mehreren Schreiben und persönlichen Gesprächen darüber informiert, daß die Stadt Verhandlungen mit der ÖTV des Saarlandes über die Einführung leistungsbezogener Entgeltbestandteile führt.

Zielgruppe 'Kommunalaufsicht'

Das Ministerium des Innern wurde auf einer Tagung des Innovationsringes „Stadtverwaltung der Zukunft“ über das TQM-Programm informiert. Über die weiteren Entwicklungen, insbesondere auch über die Verhandlungen mit Gewerkschaften und KAV zur Einführung leistungsbezogener Entgeltbestandteile, wurde das Modell ständig auf dem Laufenden gehalten.

Zielgruppe 'Interessierte Öffentlichkeit und Fachöffentlichkeit'

Nicht zuletzt durch den Gewinn des 2. Speyerer Qualitätswettbewerbs 1994 ist das TQMProgramm der Landeshauptstadt Saarbrücken auf bundesweites Interesse gestoßen. Anfragen mit der Bitte um Erfahrungsaustausch bzw. Vorstellung des TQM-Programms häufen sich daher.

10. Qualifizierung

Die Qualifizierung der Mitarbeiterlnnen zur kompetenten Arbeit im TQM-Programm spielt eine ganz entscheidende Rolle. Das Qualifizierungskonzept sieht sowohl eine Anschubqualifizierung als auch eine begleitende Qualifizierung vor. Es gibt eine ganze Reihe von Veranstaltungen, die diesem Zweck dienen.

Die Veranstaltungen sind in das laufende Aus- und Fortbildungsprogramm der Landeshauptstadt Saarbrücken integriert.

11. Anreizkonzept

Das Anreizkonzept sieht drei Ansatzpunkte vor, um die Mitarbeiterinnen und Mitarbeiter zur disziplinierten, kostenbewußten und erfolgreichen Arbeit zu motivieren.

Dabei wird von dem Grundsatz ausgegangen, nur erfolgreiche Arbeit mit positiven Konsequenzen zu verknüpfen.

Die drei Ansatzpunkte sind:

- der einzelne Mitarbeiter/die einzelne Mitarbeiterin
- das Qualitätsteam oder die Projektgruppe des Qualitätsprojektes
- die betroffenen Arbeitseinheiten

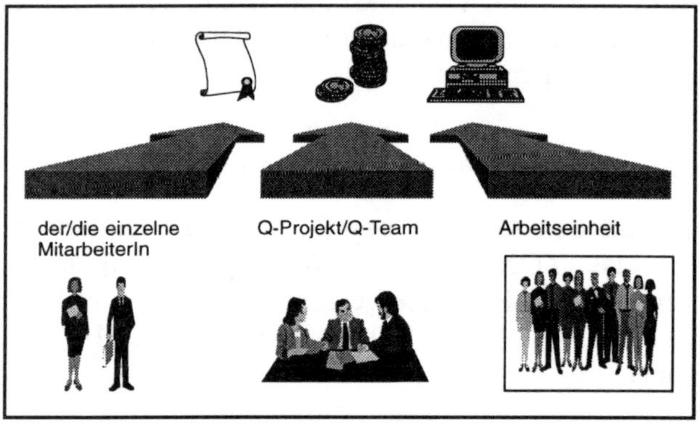

Abb. 3: TQM-Anreizkonzept

Weitergehende Leistungszulagen und Prämien

Nach Entwicklung des TQM-Anreizkonzepts hat sich sehr schnell die Frage gestellt, wie auch die Mitarbeiterinnen und Mitarbeiter, die nicht unmittelbar in Qualitätsprojekten und -teams mitarbeiten, für gute Leistungsergebnisse in der täglichen Arbeit belohnt werden können. Dies war Veranlassung, mit der ÖTV des Saarlandes entsprechende Tarifverhandlungen aufzunehmen.

Am 27.06.1995 hat der Stadtrat durch Beschluß den Oberbürgermeister ermächtigt, diesen Tarifvertrag zu unterzeichnen, was zwischenzeitlich geschehen ist.

Der Tarifvertrag sieht folgende Eckpunkte vor:

- Die Leistungsanreize des Tarifvertrages und des innerbetrieblich entwickelten TQM-Anreizsystems ergänzen sich und werden nebeneinander angewendet.
- Die Gesamtaufwendungen aller Anreize nach dem Tarifvertrag werden auf einen Festbetrag (0,5 % der aktiven Bezüge, Soll 95

incl. Eigenbetriebe = 830.000 DM begrenzt: Dies gilt auch für Leistungsanreize, die an Arbeiter und – sobald rechtlich möglich – an Beamte gezahlt werden. Die Gewährung der Anreize steht zudem unter dem Vorbehalt der Bereitstellung entsprechender Mittel durch den Stadtrat (Haushaltsvorbehalt).

- Voraussetzung für die Gewährung von Prämien/Zulagen ist, daß Leistungen nachgewiesen werden, die hinsichtlich der Arbeitsqualität erheblich über dem Durchschnitt liegen.
- Anreize können an Einzelne oder Gruppen erst gezahlt werden, wenn entsprechende Kriterien und deren Messung entwickelt sind, mit Hilfe derer der Nachweis einer erheblich über dem Durchschnitt liegenden Leistung möglich ist.
- Die v.g. Kriterien werden gemeinsam zwischen den Tarifvertragsparteien entwickelt.
- Regelfall ist die Gewährung von einmalig, nachträglich zu zahlenden Prämien; die Ausnahme stellt die Zahlung einer monatlich im voraus zu gewährenden, jederzeit widerruflichen Zulage dar.
- Ober die Einzelprämie/Zulage entscheidet eine betriebliche Kommission auf Vorschlag der Verwaltung.

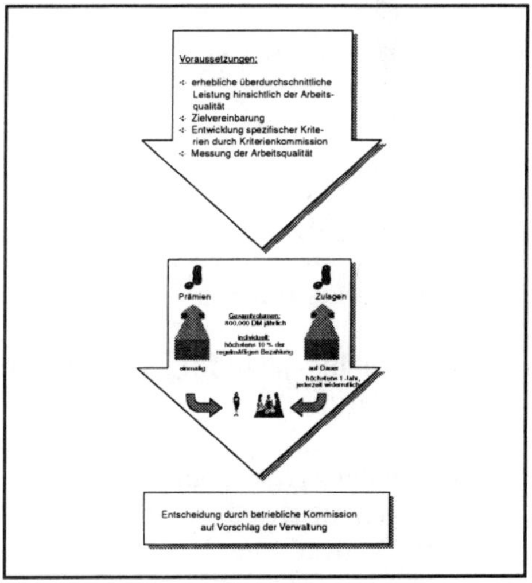

Abb. 4: Tarifvertrag über leistungsbezogene Entgeltbestandteile

12. Messung im TQM-Programm

Die Messung spielt im Rahmen des TQM-Programms eine grundlegende Rolle. So muß sich natürlich eine Kommune, die sich auf den Weg macht, eine hervorragende Dienstleistungsqualität bereitzustellen, dem Urteil ihrer Kunden stellen. Dies geschieht durch Kundenbefragungen in repräsentativer Form. Ebenso ist eine Art ständiger Meßfühler die zur Zeit eingerichtete Kundenberatungsstelle.

Es reicht allerdings nicht aus, Messung nur zu betreiben, um die Qualität der Endergebnisse, also die Qualität der Dienstleistungen festzustellen. Notwendig und sinnvoll ist es ebenso, Qualitätsverbesserungen an den direkten und indirekten Verursachungsfaktoren, die im Erstellungsprozeß wirksam sind, nachzuweisen. Diese Verursachungsfaktoren sind im TQMProgramm als 5 Schlüssel definiert.

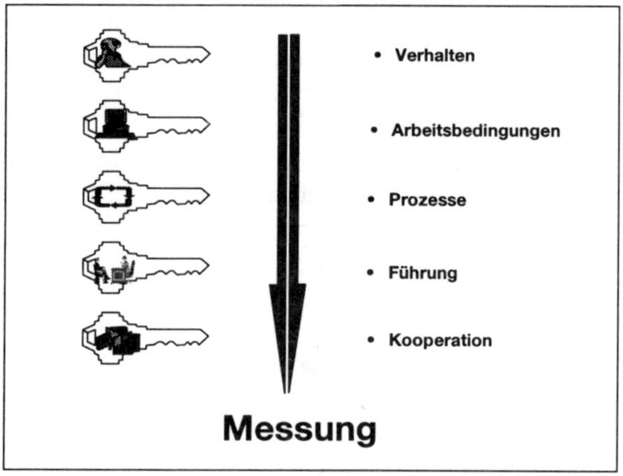

Abb. 5: Fünf Schlüssel zur Qualitätsverbesserung bei der LHS

Im TQM-Programm wurden bis jetzt folgende konkrete Anwendungsfelder für die Messung definiert:

- Messung der internen Kundenzufriedenheit
- Messung der externen Kundenzufriedenheit
- Messung der Einflußgrößen auf die Ergebnisqualität mit Hilfe der Technik der Mitarbeiterbefragung

- Messung im Zusammenhang mit der Feststellung der Prozeßqualität (dazu gehört das Problem der Indikator- oder Kennzahlenbildung)
- Bewertung von Leistungen (Ergebnisse erfolgreicher Qualitätsteams und Qualitätsprojekte)
- Messung der Leistung von einzelnen und Teams im Zusammenhang mit den Anforderungen des Anreizkonzeptes
- Messung von komplexen Leistungen (am Beispiel Beratungsleistung von Sozialhilfesachbearbeitern im Sozialamt)

Messung des Fortschritts des gesamten TQM-Programms (Verwendungszweck Controlling)

Für alle Anwendungsfelder müssen die Meßmethoden, die Instrumente und das Verfahren entwickelt werden. Für 5 wichtige Anwendungsfelder wurde die Messung konzipiert:

- Integrierte Effektivitätsmessung
- Messung der internen Kundenzufriedenheit
- Messung der externen Kundenzufriedenheit
- Messung einer komplexen Leistung
- Bewertung von Leistung erfolgreicher Q-Teams und Q-Projekte

13. Die nächste Phase im Veränderungsprozeß

Die durch das TQM-Programm geschaffene Plattform für Veränderungen erwies sich bisher als sehr produktiv. Sie wirkte und wirkt als Katalysator für vielfältige Veränderungsaktivitäten in den Fach- und Querschnittsbereichen. Was sich die Initiatoren wünschten, nämlich, daß es auch Spaß machen kann, sich mit Qualitätsverbesserungen zu beschäftigen, scheint eingetroffen zu sein.

In der absehbaren Zukunft ist nicht so sehr weitere Anregung zu neuen Aktivitäten, sondern vielmehr Kanalisierung und Koordination gefragt. Diese nächste Phase im Modernisierungsprozeß wird durch verbindliche thematische Steuerung für alle am Prozeß Beteiligten geprägt sein.

Das Steuerprojekt hat dazu einen Masterplan ausgearbeitet, der bis etwa zum Jahre 2000 die größeren absehbaren Modernisierungsaktivitäten projektiert und für alle beteiligten Parteien als verbindliche Basis dienen soll. Vor diesem Hintergrund sind voraussichtlich auch Kompetenzen und Ressourcen des Veränderungsmanagements neu zu bestimmen, der Grad der thematischen Verbindlichkeit von Modernisierungsaktivitäten wird zunehmen und parallel dazu die Aktivitäten des Veränderungscontrollings.

Kommunikation im Modernisierungsprozeß der Kreisverwaltung Soest

Heinz Cortner, Kreis Soest

Der Kreis Soest hat im Herbst des Jahres 1992 damit begonnen, erste Konzeptionen zur Reform und Modernisierung der eigenen Verwaltung zu entwickeln.

Zur Konkretisierung dieser ersten Vorstellungen wurde im Frühjahr 1992 in enger Zusammenarbeit mit der Personalvertretung das Konzept zur Personal- und Organisationsentwicklung aufgestellt, was später dann auch als sog. „3-Säulen-Modell" oder auch als „Modell Soest" bezeichnet wurde.

Schon damals war klar, daß ein rein betriebswirtschaftlich orientierter und ausschließlich an Effizienzgesichtspunkten ausgerichteter Verwaltungsumbau in keiner Weise ausreichen würde, eine möglichst breite aktive Unterstützung – mindestens aber Akzeptanz – des Reformprozesses bei allen Beteiligten zu erhalten. Dieses kann nur derjenige erreichen, der im Reformprozeß der Verwaltung der Kommunikation einen außergewöhnlich hohen Stellenwert einräumt.

Mit dem Personal- und Organisationsentwicklungskonzept hat der Kreis Soest einen Weg beschritten, mit dem diese Erkenntnis in der Praxis realisiert wird. Denn Kommunikation ist **das** Bindeglied, welches die Aktivitäten in den rund 50 Bausteinen und Einzelmaßnahmen des Reformprozesses zu einem sinnvollen zielgerichteten Ganzen zusammenwachsen und zusammenwirken läßt.

Der Stand des Reformprozesses stellt sich heute so dar:

- Die rund 50 Einzelmaßnahmen in den Bereichen Personalentwicklung, Organisationsentwicklung und Betriebswirtschaftliche Entwicklung befinden sich nahezu vollständig in der Realisierungsphase
- Einige wenige Maßnahmen, die eine nicht so hohe Dringlichkeit besitzen, werden z.Z. konzipiert.

- Die neue Aufbauorganisation (Fachbereichsstruktur) wurde zum 1.1.1995 realisiert und
- Dezentrale Ressourcen- und Ergebnisverantwortung besteht nach 2 Testjahren in Pilotämtern seit dem 1.1.1996 flächendeckend für die gesamte Verwaltung.

Zu Beginn des Reformprozesses haben die Führungskräfte der Kreisverwaltung Globalziele und grundlegende Ziele für die Verwaltungsreform formuliert. Ausgegangen sind sie von der Fragestellung: „Was wollen wir mit dem Reformprozeß erreichen?“. Diese Globalziele sind

- Höhere Bürgerorientierung
- Höhere Motivation der Mitarbeiterinnen und Mitarbeiter
- Stärkung des Wir-Gefühls
- Verbesserte Steuerung der Verwaltung
- Höhere Effizienz

Diese Ziele in einem Verwaltungsreformprozeß mit seiner sehr hohen Komplexität können nur vor dem Hintergrund einer guten Kommunikation mit allen Beteiligten erreicht werden.

Generell ergeben sich vier Richtungen, in welche Kommunikation zielen muß, und zwar

1. mit den Mitarbeiterinnen und Mitarbeitern einschließlich Personalvertretung
2. mit den Bürgerinnen und Bürgern
3. mit den politischen Gremien
4. mit Dritten

Im folgenden möchte ich Ihnen vorstellen, was der Kreis Soest im Rahmen der Umsetzung seines Personal- und Organisationsentwicklungskonzeptes in diesen vier Kommunikationsrichtungen unternimmt.

1. Kommunikation mit den Mitarbeiterinnen und Mitarbeitern einschließlich Personalvertretung

1.1 Kommunikation in der Linienorganisation

In allen Ebenen der Verwaltung finden regelmäßig in strukturierter Form **Dienstbesprechungen** statt, und zwar zwischen dem Oberkreisdirektor und den Fachbereichsleitern wöchentlich, den Fachbereichsleitern mit ihren jeweiligen Abteilungsleitern 14tägig oder monatlich und Abteilungsleiter mit ihren Mitarbeiterinnen und Mitarbeitern monatlich.

Zusätzlich haben sich bereits in einigen Fachbereichen **interne Lenkungsgruppen** gebildet. Diese Lenkungsgruppen setzen sich aus Führungskräften und Mitarbeiterinnen und Mitarbeitern der Fachbereiche zusammen. Sie haben die Aufgabe, den Fachbereichsleiter bei der Steuerung ihres Fachbereiches und in der Entscheidungsfindung zu unterstützen. Dabei entsteht der Effekt, daß zum einen die Beschäftigten in die Entscheidungen des Fachbereichs eingebunden sind, zum anderen der Fachbereichsleiter sehr gute Kenntnis über die Probleme „vor Ort“ erhält.

Darüber hinaus gibt es in den Organisationseinheiten Besprechungen zu bestimmten Problembereichen, die durch hauseigene **Moderatoren** (z.Z. 20 ausgebildete Personen) moderiert werden.

1.2 Kommunikation linienübergreifend

Zu sehr vielen fachlichen und fachübergreifenden Themenfeldern innerhalb und außerhalb des Verwaltungsreformprozesses haben sich heterogen besetzte **Arbeits- und Projektgruppen** gebildet. Als Beispiel seien hier genannt

- Reorganisation der Verwaltung
- Veränderungen im kameralen Haushalt
- Weiterentwicklung des Ergebnisorientierten Haushalts
- Umsetzung der Führungsleitlinien
- Arbeitszeitflexibilisierung
  mit Mitarbeiterumfrage unter wissenschaftlicher Begleitung
- Neuorganisation der KFZ-Zulassungsstellen

- Neues DV-System zur Gebührenabrechnung im Rettungsdienst
- Synergieeffekte in der Aufgabenwahrnehmung zwischen den kreisangehörigen Städten und Gemeinden mit dem Kreis

Mit der Arbeit und dem Einsatz von **Qualitätszirkeln** werden erste Erfahrungen gesammelt.

Die monatlich erscheinende **Mitarbeiterzeitung** hat sich vom reinen Informationsorgan zu einem umfassenden Informations- und Kommunikationsorgan gewandelt.

Fachübergreifende Workshops zu speziellen Themenbereichen werden angeboten und intern durch die hauseigenen Moderatoren oder extern moderiert.

Weiterhin werden fachübergreifend **Führungskräfteseminare** sowie **Mitarbeiterseminare** u.a. speziell zur Kommunikation angeboten.

Mitarbeiterbefragungen sind in den vergangenen vier Jahren einmal flächendeckend mit wissenschaftlicher Unterstützung und externer Auswertung sowie mehrfach zu speziellen Themenbereichen auch in Teilbereichen der Verwaltung hausintern durchgeführt worden.

Zur Einführung des **Mitarbeitergesprächs** sind nicht nur die Führungskräfte zu diesem Instrumentarium einer guten Personalentwicklung und Kommunikation in Seminaren geschult worden, sondern auch rund 70 % aller Mitarbeiterinnen und Mitarbeiter.

Nicht zuletzt sei noch der alle zwei Jahre stattfindende **Familientag,** der zusätzlich zum jährlichen Betriebsfest veranstaltet wird, genannt. An diesem Tag haben die Familien der Mitarbeiterinnen und Mitarbeiter die Möglichkeit, das Arbeitsumfeld der Partnerin, des Partners oder der Eltern etwas näher kennenzulernen. Gemeinsame Aktivitäten im und um das Kreishaus herum sowie in der Kantine tragen zu einem besseren Verständnis und zu einer besseren Kommunikation bei. Hierbei werden auch die Nachbarn des Kreishauses, welches sehr schön innerhalb der historischen Stadtumwallung Soests gelegen ist, eng mit einbezogen; denn Nachbarn und Beschäftigte sollen sich auch als „echte Nachbarn“ verstehen.

2. Kommunikation mit dem Bürger

Um Rückmeldungen über die Verwaltungsleistungen von den Bürgern zu erhalten, finden in vielen Bereichen der Kreisverwaltung Soest **„Pauschale Bürgerbefragungen“** statt. Diese Befragungen werden in der Form von Postkarten durchgeführt, welche den herausgehenden Bescheiden beigefügt bzw. in den Fluren des Hauses ausgelegt werden. In sehr kurzer und knapper Weise erhalten die Fachbereichsleiter hilfreiche Rückmeldungen über die Fragen

- Werden Sie freundlich und hilfsbereit bedient?
- Halten Sie die Bearbeitungszeit Ihrer Angelegenheit für angemessen?
- Halten Sie die Wartezeit, bis Sie bedient werden, für angemessen?
- Sind Sie mit der Leistungen der Kreisverwaltung Soest zufrieden?
- Zu welcher Abteilung haben Sie gerade Kontakt? und
- Was müßte Ihrer Meinung nach sofort verbessert werden?

Die Menge der von den Bürgern zurückgesandten Karten beweist, daß der Bürger sehr wohl ein hohes Interesse daran hat, aus seiner Sicht ganz konkrete Verbesserungsvorschläge zu machen, der Verwaltung in vielen Fällen aber auch mal zu sagen, daß er mit den Leistungen durchaus zufrieden ist.

Im Bereich der Bauordnung werden halbjährlich die Architekten und Bauingenieure zu sog. **Architektengesprächen** eingeladen. In diesen Gesprächen werden allgemeine Informationen und Erläuterungen zu aktuellen Änderungen von gesetzlichen Bestimmungen gegeben, Wünsche der Architekten in der Zusammenarbeit mit der Baugenehmigungsbehörde verdeutlicht und aufgenommen sowie Verfahrensabläufe für Baugenehmigungsverfahren gemeinsam weiterentwickelt.

Das hat unter anderem z.B. dazu geführt, daß die Architekten sich bemühen, möglichst vollständige und fehlerfreie Bauanträge einzureichen, andererseits die Baugenehmigungsbehörde sich selbst mit Bearbeitungsfristen bindet, indem individuell dem Antragsteller die

Bearbeitungsfrist mitgeteilt wird. Für einfache Baugenehmigungsverfahren gilt generell die Frist von 10 Tagen.

Zum **Umbau der Zulassungsstelle des Straßenverkehrsamtes** – baulich und organisatorisch – wurden mit Hilfe der Schülerinnen und Schüler des Conrad-von-Soest-Gymnasiums vor und nach der Veränderung die Erwartungen und die Meinungen der Besucher der Zulassungsstelle befragt und ausgewertet. Viele Wünsche der Besucher, z.B. weg von der Thekenbedienung und hin zur Einzelplatzbedienung, und auch der Mitarbeiterinnen und Mitarbeiter konnten in die Praxis umgesetzt werden und haben sich bis heute bewährt.

3. Kommunikation mit der Politik

Wesentliche Voraussetzung für das Gelingen der Verwaltungsreformbemühungen ist ein enges Zusammenwirken mit den politischen Gremien. Das bedarf einer sehr intensiven Kommunikation zwischen Verwaltungsführung und Politik. Denn nur durch gute Information und Kommunikation kann es gelingen, die in der Praxis oft zu beobachtenden gegenseitigen Vorbehalte in der Zusammenarbeit auszuräumen und in eine Vertrauenskultur zu wandeln, sich gemeinsam für die Entwicklung der eigenen Kommune und für die Bürger zu verstehen.

Zur Weiterentwicklung und zum Ausbau dieses Kommunikationszweiges gibt es im Kreis Soest vielfältige Bestrebungen.

Bereits frühzeitig hat sich zur Begleitung der Verwaltungsreform in der Kreisverwaltung Soest ein **Parlamentarischer Arbeitskreis** gebildet. Aufgabe dieses Arbeitskreises ist es, die Verbindung zwischen Politik und Verwaltung über politisch relevante Maßnahmen in der Verwaltungsreform sicherzustellen, hierzu Lösungsmöglichkeiten zu diskutieren und dem Kreistag Empfehlungen zur Beschlußfassung zu unterbreiten.

Nach zweijähriger Aufbauarbeit wurde erstmals für das Jahr 1996 flächendeckend ein sog. **Ergebnisorientierter Haushalt** aufgestellt. Als Gegenstück zum Kameralen Haushalt mit seinen inputorientierten Einnahmen und Ausgaben beschreibt der Ergebnisorientierte Haushalt outputorientiert die Leistungen/Produkte der Verwaltung und erläutert in anschaulicher Art unter anderem, welche Finanzmittel für welche Leistungen in welcher Qualität und Quantität erforderlich sind und verbraucht werden. Er bildet die Grundlage für die neue produktorientierte Steuerung der Kreisverwaltung Soest mit 6 Produktbereichen, 33 Produktgruppen und insgesamt z.Z. 161 Produkten. Erstmals werden hiermit den politischen Gremien und der Verwaltungsführung die Leistungen und Produkte der Verwaltung „greifbar“ und steuerbar gemacht.

Im Frühjahr 1996 wurde erstmals über das Produkt „Baugenehmigungen“ ein Kontrakt bzw. eine **Zielvereinbarung zwischen Politik und Verwaltung** getroffen. Hiermit wurde auf der Basis des Ergebnisorientierten Haushalts der Versuch unternommen, mit der Politik Leistungen zu vereinbaren, Finanzmittel dafür durch die Politik bereitzustellen und im Rahmen von Controlling in regelmäßigen Berichten die vereinbarte Zielerreichung zu steuern und zu dokumentieren. Sollte die Arbeit dieser „Kontraktwerkstatt“ von Erfolg gekrönt sein, ist für das Jahr 1997 an Erweiterungen auf andere Produkte und Leistungen gedacht. Welche das sein werden, ist zu gegebener Zeit noch zu verhandeln.

Controlling mit regelmäßigem Berichtswesen beinhaltet bereits jetzt schon in der Aufbauphase ein regelmäßiges flächendeckendes „Finanz-Controlling“. Damit werden nicht nur der Verwaltungsführung, sondern auch den politischen Gremien unterjährig in geeigneter Form budgetorientiert Ist-Ergebnisse und Prognosen zur finanzwirtschaftlichen Entwicklung unterbreitet. Dieses Verfahren hat sich nicht nur als Bindeglied guter Kommunikation bewährt, sondern hat auch gezeigt, daß es möglich ist, bei finanzwirtschaftlichen Fehlentwicklungen gemeinsam nach Lösungen zu suchen.

Nach der Reorganisation der Verwaltung zum 1.1.1996 mit der Neufassung der Aufbauorganisation in Fachbereiche wird derzeit gemeinsam intensiv über eine **Reorganisation der Fachausschüsse** nachgedacht. Ziel ist es, ein direktes Zusammenwirken und direkte Zuständigkeiten von Fachausschüssen und Fachbereichen zu erhalten. Dabei könnten in konsequenter Anwendung der dezentralen Ressourcen- und Ergebnisverantwortung der bisherige Personalausschuß sowie der Finanzausschuß durchaus obsolet werden. Eine Entscheidung wird zur Sommerpause des Jahres erwartet, damit die

Etatberatungen 1997 für den Kameralen wie auch für den Ergebnisorientierten Haushalt bereits in neuer Form wahrgenommen werden können.

4. Kommunikation mit Dritten

Unerläßlich für einen erfolgreichen Reformprozeß ist als viertes Feld die Kommunikation mit Dritten. Man muß die allgemeine Entwicklung beobachten und den eigenen Prozeß den aktuellen Fortentwicklungen anpassen.

Auf diesem Gebiet sind sicherlich in der Kreisverwaltung Soest die folgenden Bereiche von erheblicher Bedeutung.

Unverzichtbar ist der **Interkommunale Erfahrungsaustausch**. Zahlreiche Aktivitäten über den Innovationsring „Kreisverwaltung der Zukunft", der getragen wird durch den Deutschen Landkreistag Bonn und die Hochschule für Verwaltungswissenschaften Speyer, mit der Kommunalen Gemeinschaftsstelle -KGSt- Köln, dem Deutschen Landkreistag, verschiedenen Universitäten (mit Einbeziehung von Doktoranden) und vielen anderen Kreisverwaltungen im gesamten Bundesgebiet gehören schon fast zum Verwaltungsalltag.

Interkommunale Betriebsvergleiche über die Produkte des Straßenverkehrsamtes werden seit zwei Jahren mit vier weiteren Kreisverwaltungen durchgeführt. Im Bereich der Sozialämter laufen Betriebsvergleiche z.Z. an, während erste Gespräche zur Durchführung von Betriebsvergleichen in den Bauordnungsämtern mit anderen Kreisen z.Z. geführt werden.

Kommunikation mit Dritten muß sich auch auf die kreisangehörigen Städte und Gemeinden beziehen. Gerade hier sind vielfältige Möglichkeiten zur Zusammenarbeit und sinnvollen gemeinsamen Aufgabenwahrnehmung für die Bürger gegeben. Die Kreisverwaltung Soest diskutiert mit ihren Städten und Gemeinden derzeit eine lange Liste von Tätigkeitsfeldern und Möglichkeiten, bei denen sich **Synergiepotentiale in der Zusammenarbeit** auftun können.

Zum Schluß sei noch die Möglichkeit der Kommunikation mittels **Hospitationen** genannt. Viele Mitarbeiterinnen und Mitarbeiter sind bereit, für eine bestimmte Zeit, z.B. drei oder sechs Monate, außerhalb der eigenen Verwaltung tätig zu sein, dadurch ihr Wissen und Können erheblich zu erweitern, aber auch dem Hospitationspartner und der Kreisverwaltung Soest neue Impulse zu geben.

Zwei Mitarbeiter waren bisher für vier bzw. sechs Wochen in größeren Unternehmen tätig, während drei Beschäftigte für jeweils sechs Monate in einem Beratungshaus als Berater gearbeitet haben. Zur Zeit befindet sich ein Mitarbeiter für drei Monate in einer britischen Mittelstadt in Großbritannien, die bisher sehr gute Erfahrungen in der Verwaltungsreform gemacht hat, zur Hospitation. Eine weitere Mitarbeiterin wird ihn dort im September d. J. ablösen.

Nachgedacht wird über die Möglichkeit des befristeten Personalaustausches mit anderen Verwaltungen.

Die Nachfrage nach derartigen Möglichkeiten ist sehr groß.

Reformprojekte in der Landesverwaltung

Siegfried Mauch, Innenministerium Baden-Württemberg, Stuttgart

Kommunikation bei Veränderungsprozessen ist Führungskommunikation. Diese erfordert neben fachlichen in zunehmendem Maße methodische, soziale und persönliche Kompetenzen der Führungskräfte. Diese Fähigkeiten sind die Erfolgsfaktoren bei Veränderungsprozessen. Modernisierungsvorstellungen müssen vermittelt, Situationsunterschiede verdeutlicht, Vertrauen geweckt, Teams geführt und entwickelt, Informations- und Rückkopplungssysteme aufgebaut und gepflegt, Konflikte ausgetragen und Widersprüche ertragen werden. Die Kommunikation dieser Fähigkeiten eröffnet nicht nur die Chance, einen Veränderungsprozeß erfolgreich zu implementieren, sondern auch die Qualität administrativer Leistungen zu verbessern und Bürokratie und damit unnötigen Ressourcenverzehr in den Binnenbeziehungen abzubauen.

Doch wie sieht die Führungskommunikation in der Verwaltungswirklichkeit aus? Aufschlußreiche Kommunikationsbilder können auf Grund von Mitarbeiterbefragungen gewonnen werden. Sieben Befragungen, die bisher in Landesbehörden durchgeführt worden sind, haben folgende typische Führungsdiagnose ergeben: Es wird viel zu wenig informiert, Leistungen werden nicht genügend anerkannt und der Sinn von Arbeit zu wenig vermittelt. Die Vereinbarung von Zielen, die Beteiligungen der Mitarbeiterinnen und Mitarbeiter an Entscheidungen und Prozessen sowie Rückmeldungen über Erreichtes beschränkt sich – sofern überhaupt – auf wenige Empfänger. Hierarchie und Status verstärken dabei die bestehenden Kommunikationsmängel.

Die Landesregierung von Baden-Württemberg will diese Kommunikationsdefizite abbauen. Daher beschloß sie nach einer erfolgreichen Modellphase im Dezember 1995 ein Leitbild für die Landesverwaltung, die Einführung von Mitarbeiterbefragungen, die Einführung des Mitarbeitergesprächs in der ganzen Landesverwaltung und die Durchführung von Qualitäts- und Mitarbeiterzirkeln, zunächst in ausgewählten Pilotbehörden.

Das Leitbild der Landesverwaltung wurde als Rahmenleitbild beschlossen. Die Landesregierung ist der Überzeugung, daß die Ziele des Leitbildes, das Bild einer modernen Landesverwaltung aufzuzeigen, das Bewußtsein der Mitarbeiterinnen und Mitarbeiter für den Veränderungsprozeß zu stärken und die Kultur der Verwaltung weiterzuentwickeln, besser erreicht werden können, wenn den Ressorts und Behörden Freiräume verbleiben, in die bereichsspezifische Bedürfnisse einfließen können. Es ist daher kein Ziel der Landesregierung, landesweit wortidentische Leitbilder zu haben. Viel wichtiger als die Wortidentität sind die Sinnidendität und der Prozeß der Auseinandersetzung mit den Leitbildzielen sowie Fragen des Standorts und des Selbstverständnisses einer Behörde in einer modernen Landesverwaltung. Das Rahmenleitbild soll dazu anregen. Für die Behörden, die dieses Angebot jedoch nicht aufgreifen, gilt das Rahmenleitbild unmittelbar.

Der Weg der Leitbildkonkretisierung wurde bereits von der Landespolizei Baden-Württemberg erfolgreich beschritten. Dort wurden eigene Kräfte zu Moderatoren ausgebildet, die in einer Vielzahl von Gruppensitzungen quer durch die ganze Landespolizei einen auf dem Rahmenleitbild aufbauenden eigenen Entwurf der Polizei diskutierten und die Ergebnisse zusammenführten. Daraus wurde das Leitbild der Landespolizei entwickelt. Es wird erwartet, daß dieser Prozeß Nachahmer findet. Dazu soll ein methodischer Leitfaden erarbeitet werden, der interessierte Behördenleiter in diesem Umsetzungsprozeß unterstützt.

Das Rahmenleitbild selbst beruht auf einem Expertenansatz, der mit ausgewählten Zielgruppen in einer Reihe von bestehenden Fortbildungsveranstaltungen diskutiert und weiterentwickelt worden ist. Er ist mit den Ressorts abgestimmt und am 14. Februar 1996 im Gemeinsamen Amtsblatt des Landes Baden-Württemberg (Seite 31 ff) veröffentlicht worden. Diese traditionelle Form der amtlichen Publizierung reicht jedoch für die angestrebten Prozeßanstöße nicht aus. Deshalb werden die Leitbilder, einschließlich Erläuterungen und einem Selbstbewertungsansatz, auch als Beilage zum Staatsanzeiger Baden-Württemberg veröffentlicht. Damit kann nahezu jeder zweite Beschäftigte der Landesverwaltung erreicht werden, dem dann nicht nur die Inhalte der Leitbilder vorgestellt, sondern auch die Ziele und Hintergründe dargestellt werden können.

Mit dem Leitbild beschloß die Landesregierung auch die Einführung von Mitarbeiterbefragungen in der Landesverwaltung. Die Nutzung dieses Instruments ist freiwillig. Mitarbeiterbefragungen sind heute ein wichtiges Element innerhalb eines Veränderungsprozesses einer Organisation. Sie gehören daher zum Standardprogramm einer jeden Organisationsentwicklung. Sie sind ein Diagnose- und Steuerungsinstrument zur Erhebung von Meinungen und Einstellungen von Mitarbeiterinnen und Mitarbeitern zu arbeitsbezogenen Themen, um damit die in einer Organisationseinheit festgestellten Stärken auszubauen und die erhobenen Schwachstellen abzubauen und Verbesserungen umzusetzen.

Mitarbeiterbefragungen sind mehr als nur eine Form der Datenerfassung und Datenanalyse. Über Daten, Datenvergleiche und Dateninterpretationen öffnen die Ergebnisse den Zugang zu den verschiedensten Problemen einer Behörde. Dieser Befragungsbestandteil, die Auswertung und Aufarbeitung der Daten in der Behörde selbst, ist der wichtigste Schritt. Deshalb müssen sich an Mitarbeiterbefragungen Auswertungsworkshops anschließen, in denen der Datenbestand und die ausgewerteten Ergebnisse auf die konkreten Verhältnisse beispielsweise einer Abteilung oder eines Referats bezogen und interaktiv ausgewertet werden. Viele Mitarbeiterinnen und Mitarbeiter setzen hier mit ihren Bedenken an. Sie haben die Befürchtung, daß letztlich der Mut und die Kraft fehlen, die erforderlichen Konsequenzen zu ziehen. Diese Bedenken sind zum Teil größer, als die, die gegen die Wahrung der Vertraulichkeit vorgebracht werden. Deshalb ist es für die Akzeptanz einer Mitarbeiterbefragung besonders wichtig, von Anfang an Strukturen zu schaffen, die den Willen der Behördenspitze deutlich erkennen lassen, die umsetzbaren Ergebnisse in einem partizipativen Prozeß zu kommunizieren und die daraus entwickelten Vorschläge auch umsetzen. Nur dann entfalten Mitarbeiterbefragungen auch ihre einen Veränderungsprozeß auslösende Funktion.

Um dieses Instrument in der Landesverwaltung einführen zu können, wurde es zuvor mehrfach in der Landesverwaltung auch mit Unterstützung der Hochschule für Verwaltungswissenschaften Speyer erprobt. Die Erkenntnisse und Erfahrungen aus der Erprobungsphase wurden veröffentlicht. Daraus wurden ein Standardfragebogen und ein Standardverfahren entwickelt, das den Landesbehörden angeboten wird. Es ist geplant, Erläuterungen und Umsetzungshinweise ebenfalls als Beilage zum Staatsanzeiger Baden-Württemberg zu veröffentlichen. Über eine anwenderorientierte Broschüre sollen interessierte Landesbehörden in die Lage versetzt werden, Mitarbeiterbefragungen weitgehend selbst durchführen zu können.

Der dritte landesweit eingeführte Modernisierungsschritt zur Verbesserung der Führungskommunikation ist das Mitarbeitergespräch auf der Grundlage von Zielvereinbarungen. Es ist das zentrale Führungs- und Steuerungsinstrument der Verwaltungsmodernisierung. Auch dieses Instrument wurde in Pilotbehörden erprobt. An der Evaluation konnte sich jeder Betroffene beteiligen. Dazu erhielt jeder Betroffene einen Fragebogen, um das Gespräch aus seiner Sicht zu bewerten. Anschließend wurden mit Führungskräften und mit Mitarbeiterinnen und Mitarbeitern nach dem Prinzip der gewichteten Stichprobe in jeder der 4 an dem Modellversuch beteiligten Behörden Interviews geführt. Abgeschlossen wurde die Bewertung mit Bewertungsgesprächen in jeder Behörde. Da die Beteiligten Rückmeldungen erwarteten, wurden die Befragungsergebnisse und die daraus gewonnenen Erkenntnisse veröffentlicht und auf Anfrage auch in den Personalversammlungen präsentiert.

Rückblickend kann gesagt werden, daß diese Vorgehensweise die Akzeptanz des Instruments wesentlich begünstigt hat. Die Piloterfahrungen waren keine einsamen Feststellungen eines Expertenteams, sondern repräsentierten das Meinungsbild der Betroffenen. Die Bewertungen konnten statistisch aufbereitet und die Ergebnisse graphisch dargestellt werden. In nahezu allen beteiligten Behörden konnten vergleichbare Akzeptanzentwicklungen, Aufwand- und Nutzeneinschätzungen, erhebliche Verbesserungspotentiale insbesondere im kommunikativen Bereich aber auch strukturelle Probleme nachgewiesen werden, die die Ausschöpfung dieser Verbesserungspotentiale erschweren.

In sieben Landesbehörden wird gegenwärtig erprobt, wie mittels methodischer und organisatorischer Ansätze das Kreativitätspotential der Mitarbeiterinnen und Mitarbeiter besser erschlossen und die

Qualität der Problemlösungen erhöht werden können. Dazu wurden in allen Behörden 6 bis 8 Mitarbeiterinnen und Mitarbeiter nach unterschiedlichen methodischen Ansätzen zu Moderatoren ausgebildet, die in ihren Behörden im Rahmen von Qualitäts- und Mitarbeiterzirkeln sowohl Probleme der Führung und Zusammenarbeit (Qualitätszirkel) als auch rein fachliche Probleme (Mitarbeiterzirkel) lösen. Auch bei dem Prozeß der Problemfindung und der organisatorischen Einbindung des Projekts „Qualitätsmanagement" in die Behörde werden in nahezu jeder Pilotbehörde unterschiedlich Wege erprobt.

Vorbehaltlich einer endgültigen Auswertung kann heute schon festgestellt werden, daß mittels der Zirkelarbeit sowohl die Kommunikation nach innen wie auch die Kommunikation nach außen verbessert werden können. Die verbesserte Kommunikation nach innen führt zu verbesserten Problemlösungen, zu einer Erweiterung des Querschnittswissens und zur Entwicklung eines ganzheitlicheren Denkens. Die Beschäftigung mit anderen Problemstellungen fördert die Akzeptanz anderer Aufgaben und führt zu einem Abbau von Reibungen in der Zusammenarbeit. Insoweit bilden die Zirkel wie auch das Mitarbeitergespräch wesentliche Strukturbausteine beim Aufbau einer „lernenden Organisation" in Behörden.

Über die Außenkommunikation wird Verwaltung als rückgekoppeltes Handeln begriffen. Über die methodische Unterstützung werden Bürger und Mitarbeiter als „Kunden" entdeckt, deren Problemsicht zur besseren Problemanalyse und Problemlösung beitragen kann. So wurden insbesondere bei fachlichen Problemstellungen wie der Beschleunigung immissionsschutzrechtlicher Genehmigungen oder der Vereinfachung sozialer Förderverfahren Kundenbefragungen oder Workshops mit Kunden durchgeführt.

Heute schon können folgende Erfolgsfaktoren festgestellt werden:

- die methodisch angeleitete und gelenkte Kommunikation erschließt das Kreativitätspotential der ohnehin stattfindenden Kommunikation,
- die Schaffung eines Freiraums fördert Kreativität,
- das Gefühl, etwas bewegen zu können, fördert Motivation und schafft zusätzliches Engagement,

- die richtige Durchmischung der Teammitglieder führt zu einer nicht zu unterschätzenden Ideenvielfalt und
- die neuen Arbeitsmethoden vermitteln Spaß, führen zu einer Abwechslung im Arbeitsumfeld und ermöglichen ein „spielerisches" Lernen am Arbeitsplatz.

Hemmnisse, die noch abgebaut werden müssen, sind insbesondere:

- die behördlichen Strukturen mit ihren abgegrenzten Zuständigkeiten und Machtzentren,
- das bestehende Rollenverständnis von Führungskräften, die trotz eines veränderten Umfeldes größtenteils immer noch mehr der Idee des Interventionsstaates zuneigen als der des Kooperationsstaates,
- die schwach ausgeprägte soziale Führungskompetenz,
- die Verknappung der Ressourcen durch Personalabbau und
- die mangelnde Einbindung der Zirkel in die Zielstruktur einer Behörde.

Wie eine Untersuchungen des Soziologischen Forschungsinstituts Göttingen zeigt, kämpft auch die Wirtschaft mit entsprechenden Problemen. In der Untersuchung wird festgestellt: *Nach innen tun sich die Unternehmen schwer, ihr sorgsam abgestütztes Hierarchiemodell den Erfordernissen dezentraler Verantwortung anzupassen ... Das nährt die Vermutung, die wahre Standortschwäche der bundesrepublikanischen Industrie liege in einer traditionalistischen Sozialverfassung des Unternehmens, deren Beharrlichkeit die Motivations- und Kreativitätspotentiale seiner qualifiziertesten Mitarbeiter nicht zur Entfaltung kommen läßt. Die ... Schuldzuweisungen an mittlere und höhere Führungskräfte, sie seien die Lehmschicht, die organische Reformen ... nicht durchlasse, ist nicht einmal die halbe Wahrheit. Nach unseren Ergebnissen sind es veraltete Einbindungsformen und Kommunikationsstile, die das in diesen Gruppen vorhandene Kreativitätspotential fesseln.*

Diese Feststellung ist kein Grund zur Schadenfreude, sondern Ausdruck tiefster Besorgnis. Wirtschaft und öffentliche Verwaltung bilden ein Junktim. Bestehen in beiden Sektoren vergleichbare standorterhebliche Probleme, schaukeln sich diese zu einem äußerst kritischen Strukturnachteil auf. Die Modernisierungserfahrungen in der öffentlichen Verwaltung zeigen, daß die Veränderungsbereitschaft begrenzt ist. Überholte Einstellungen, veraltete Rollenverständnisse und etablierte Strukturen behindern ein „neues Denken". Noch gewährleistet das System, daß der durch die Krisen ausgelöste Leidensdruck insbesondere in den administrativen Führungsebenen nicht existentiell bedrohend wahrgenommen wird, sondern an ihnen vorbeigeführt werden kann. Wie lange noch?

Intelligent City: Auf dem Weg in die Informationsgesellschaft

Claudia Däuber, IBM Stuttgart

1. Die Idee der Informationsgesellschaft

Diese Idee wurde in die öffentliche Diskussion gebracht von der amerikanischen Regierung. Die Forderung „Informationen für jedermann zu jeder Zeit an jedem Ort" war in den Vereinigten Staaten schon im letzten Wahlkampf ein Thema: offener Zugang zu Informationen und Datenautobahnen sollen einer entbürokratisierten und deregulierten Gesellschaft und Wirtschaft dienen sowie zur Vitalisierung nahezu aller Lebens- und Arbeitsbereiche beitragen.

Die Europäischen Regierungen

gehen das Thema mit hohem Tempo an. Auf dem Brüsseler Gipfel im Dezember 1993 wurde die Bildung einer „High Level Group on Information Society" vorgeschlagen, die im Februar 1994 vom Ministerrat ins Leben gerufen wurde. Auf der Gipfelkonferenz in Korfu im Mai 1994 präsentierte die Expertengruppe, die sich aus 19 hochrangigen Wirtschaftsvertretern zusammensetzt, erste Ergebnisse. Eine Fortsetzung fand die Diskussion über den Weg zur globalen Informationsgesellschaft Ende Februar 1995 auf der Konferenz der sieben führenden Industrienationen.

Wo stehen wir heute in Europa ?

Die obengenannte High Level Group hat zum einen ermittelt, welche Hindernisse (Monopole bzw. wettbewerbswidrige Rahmenbedingungen) beseitigt werden müßten, um Anreize für private Investitionen zu schaffen. Zum anderen wurden ganz konkrete Anwendungsfelder definiert, die mit hoher Priorität vom privaten wie vom öffentlichen Sektor angegangen werden sollen.

Doch es bleibt nicht nur bei Empfehlungen; zur Verbesserung der Wettbewerbsfähigkeit Europas werden auch Fördergelder zur Verfügung gestellt. Nachdem zuvor jahrelang von der Europäischen Kommission die Entwicklung von Basistechnologien finanziell gefördert wurden, zielt das derzeitige 4. Rahmenprogramm, das sogenannte „Telematic Applications Programme" (1994 bis 1998) darauf ab, sinnvolle Anwendungen für die Informationsgesellschaft zu entwickeln und somit Arbeitsplätze zu schaffen bzw. zu entwickeln. („Telematics" ist ein neu geprägter Begriff, der die Kombination von Information und Kommunikationstechnologien bedeutet). Insgesamt werden bei diesem Programm 843 Millionen Ecu an Förderung investiert.

In ganz Europa gibt es mittlerweile eine Reihe von Initiativen und Aktionen, um Informations-Highways, sog. „Datenautobahnen", aufzubauen, mit denen riesige Datenmengen mit unvorstellbaren Geschwindigkeiten überall dorthin gebracht werden können, wo sie gebraucht werden.

Was ist das Ziel?

In ersten Pilotprojekten können bereits Unterhaltungsprogramme auf den Informations-Highways mit speziellen Geräten empfangen werden. Eine beeindruckende technologische Leistung,

ABER:

Es kann nicht im Sinne der zukünftigen Informationsgesellschaft sein, diese Hochtechnologie **nur** für die Unterhaltung zu nutzen!

UND:

Wenn wir die Informationsgesellschaft mitgestalten wollen, müssen wir dies jetzt tun!

2. Umsetzung der Informationsgesellschaft: Intelligent City

In einem Beitrag im Geschäftsbericht der IBM Deutschland GmbH schreibt der EU-Kommissar Dr. Martin Bangemann:

„Entscheidend für die Akzeptanz wird jedoch sein, inwieweit der Bürger als anspruchsvoller Nutzer interessiert werden kann. Bei der Entwicklung dieser Anwendungen müssen kommunale und regionale Einrichtungen einbezogen werden. Gerade die Städte spielen eine überaus wichtige Rolle bei der Erzeugung einer frühzeitigen Nachfrage und bei der Schärfung des Bürgerbewußtseins für die Vorteile der neuen Dienste."

Dies ist eine eindeutige Aufforderung an alle „Meinungsbildner und Macher" unserer Gesellschaft, z.B. an die Politiker, an die Verwaltungen von Ländern, Landkreisen, Städten, an die Stadtwerke, Energieversorger, Verkehrsbetriebe, Dienstleistungs- und Produktionsuntemehmen, mittelständische Wirtschaft, Banken, Versicherungen, Wirtschaftsverbände, Gewerkschaften....

Wie kann sich eine Intelligent City entwickeln?

Über die **Bildung eines Konsortiums** mit möglichst vielen der oben genannten Institutionen kann in einem räumlich abgegrenzten Gebiet, z.B. einem Ballungsraum oder einer ländlichen Region, **die Umsetzung der Informationsgesellschaft gemeinsam** angegangen werden: **die „intelligent City".**

Hierbei ist der Begriff City nicht zwangsläufig als Kommune oder als ein räumlich begrenztes Gebiet zu verstehen, sondern vielmehr als ein thematischer Begriff, der in abstrakter Weise den Zielkreis wie z.B. Personengruppen oder Standorte oder auch ein räumliches Gebiet beschreiben kann.

Dieser ganzheitliche Ansatz der Intelligent City durch ein Konsortium ist sicherlich die Ideallösung, in einigen deutschen Städten und Regionen wird bereits so vorgegangen. Leider ist dies vielerorts aus verschiedensten Gründen (noch?) nicht realisierbar. Doch dies soll und darf nicht der Grund dafür sein, vor den ersten Schritten in die Informationsgesellschaft zurückzuschrecken:

Ein erster Ansatz

kann dennoch in allen Cities, ob Kommune, Landkreis oder Region **realisiert werden,** ob nun ein Anschluß an eine Datenautobahn kurz bevorsteht oder noch in weiter Ferne ist. Es gibt bereits viele Ideen für sinnvolle Anwendungen, die in kurzer Zeit entwickelt werden können und mit den bereits überall verfügbaren Netzgeschwindigkeiten (wie z.B. ISDN 64 Kbaud) auskommen.

In technischer Hinsicht ist der Einstieg in die Informationsgesellschaft kein Problem, **was fehlt sind die Initiatoren der ersten Schritte!**

„Bürgerinformations-Systeme"

In diesem ersten pragmatischen Ansatz geht es darum, daß sich die „Kunden" einer Kommune, also die Bürger, ihre Informationen an komfortablen und bedienerfreundlichen Computersystemen selbst abholen -analog zur Praxis der Banken, die nicht nur Informationen per Computer zur Verfügung stellen, sondern ihre Kunden ja auch Geschäftsprozesse im Selbstbedienungsverfahren abwickeln lassen.

Was ist ein Bürgerinformations-System?

- Ein oder mehrere „Vorreiter" entscheiden sich, ein Informationssystem für ihre Kunden zu etablieren (z.B. Stadt, Landkreis, Region, ...)
- Diese Initiatoren stellen alle diejenigen Informationen, die sie ihren „Kunden" üblicherweise in gedruckter Form zur Verfügung stellen, in eine allgemein verfügbare ComputerDatenbank.
- Auf diese Informationen der Datenbank kann jedermann an öffentlich zugänglichen multimedialen Informations-Terminals (im folgenden „Kiosk" genannt) zugreifen.
- Multimediale Kiosksysteme zeichnen sich durch ihre Interaktivität aus. Interaktivät bedeutet, daß der Benutzer eines solchen Systems durch einen Dialog mit der Anwendung kommuniziert und somit auf einfachste Weise seine gewünschten Informationen erhält. So kann auf die verschiedenen Ansprüche der einzelnen Be-

nutzer individuell eingegangen werden (z.B. auch in Fremdsprachen).

- Die Darstellung der Informationen geschieht durch die Einbindung unterschiedlicher Medien wie Text, Ton, Grafik und Video, so daß die Informationen z.B. auch für Kinder ansprechend und gut verständlich sind.

Was bei einem Bürgerinformations-System berücksichtigt werden muß:

- Die Akzeptanz eines Informations-Systems ist maßgeblich durch die Aktualität der Daten bestimmt. Alle Daten des Systems müssen also ständig – möglichst online – aktualisiert werden und auch hinsichtlich der Präsentation auf neue Trends angepaßt werden können.
- Ein Bürgerinformations-System muß offen sein für neue Informations-Anbieter. Je mehr Informationen über die gleiche einfache Bedienung abgerufen werden können, desto höher ist die Akzeptanz. (z.B. Bereitschaftsdienst der Ärzte und Apotheken, Fußball-Ergebnisse, Stellenausschreibungen, Fahrpläne des öffentlichen Nahverkehrs sowie der Bundesbahn....)
- Auch touristische Informations-Inhalte sollen angestrebt sein. Gerade Touristen sind angewiesen auf aktuelle und ansprechend gestaltete Informationen, die durch den Einsatz von Multimedia einfach abgerufen werden können.
- Die Anwendungssoftware für ein solches Informations-System muß so gestaltet sein, daß sie einer zukünftigen gewünschten Weiterentwicklung in technischer Hinsicht nicht im Wege steht (z.B. Zugriff auf mehrere Datenbanken, Verwendung von Smart-Cards, Anbindung an ein Hochgeschwindigkeitsnetz, ...).
- Die Informationen sollen nicht nur an öffentlichen Kiosk-Systemen zur Verfügung stehen, sondern müssen auch am PC zu Hause über ein Modem zugänglich gemacht werden können.
- Das Bürgerinformations-System darf nicht auf der Funktion „Informationslieferung“ verharren. Vielmehr muß eine Weiterentwicklung in Bezug auf die Selbstbedienung bei „Geschäftsprozessen“ angestrebt werden, z.B. Bestellung von auszuleihenden

Büchern in einer Stadtbücherei, Ummeldung bei Wohnortwechsel, Verlängerung eines Personalausweises, Bestellen und Bezahlen von Theaterkarten, u.v.m..

Das Problem der persönlichen Identifizierung

tritt dann auf, wenn Informationen des Systems nur an eine einzelne Person bzw. einen ausgewählten Personenkreis gelangen dürfen (z.B. personenbezogene Informationen aus dem Rathaus, individuelle Stromrechnung eines Energieversorgungsunternehmens, ...).

Die Lösung heißt: Multifunktionale Chipkarte (auch Smart-Card genannt). Eine spezielle Karte im Checkkartenformat, auf deren Chip verschlüsselt personenbezogene Daten gespeichert sind, z.B. Wohnort, Versicherungsnummern, behandelnde Ärzte mit Telefonnummern, ein normales EKG der Person, ein „Fingerabdruck", Berechtigungen zum Fahren in bestimmten Tarifzonen des öffentlichen Nahverkehrs, Zugriffsberechtigungen zu nicht öffentlichen Datenbanken etc. Dieses Prinzip wird heute bereits bei den Krankenversicherungskarten und bei der demnächst in Test gehenden „elektronischen Geldbörse" verwendet.

Wer soll das bezahlen?

Wie zuvor erwähnt können verschiedenste Partner eines Konsortiums die Intelligent City implementieren. Untergliedert nach den Funktionen können diese Partner folgendermaßen zusammengefaßt werden:

- Informationsanbieter (z.B. öffentliche Hand, gemeinnützige Einrichtungen),
- Dienste-Lieferant (z.B. Betreiber des Netzwerks, „Aktualisierer der Daten",...)
- Unternehmen, die für Ihre Produkte/Dienstleistungen „Werbe-Anzeigen" schalten.

Die letztgenannte Gruppe der **werbenden Unternehmen** wurde zuvor nicht explizit genannt.

Sie spielt jedoch in Bezug auf Information (was kann ich wo kaufen?, wo kann ich wie meine Freizeit verbringen?) im Stil der „Gelben Seiten" eine wichtige Rolle. Je nach Umfang und Darstellung der Werbung, nahtlos integriert in ein vom Bürger akzeptiertes und oft genutztes System, können Einnahmen in beträchtlicher Höhe erzielt werden, die die Betriebskosten kompensieren können.

Was sonst noch dafür spricht:

- **Mehr und besser aufbereitete Informationen** für den Bürger
- **Verfügbarkeit** der Informationen **rund um die Uhr**
- Ein Bürgerinformations-System **ermöglicht allen Bürgern Zugang zu den Informationen** (z.B. im Gegensatz zu den vielen online-Diensten, die einen Computer und ein Modem zu Hause voraussetzen und dadurch derzeit nur eine Minderheit der Bürger erreicht).
- Jetzt die Anwendungen entwickeln, die später für die **sinnvolle Nutzung der Datenautobahnen gebraucht werden!**

IBM Bürgerservice – ein „Kiosk-Starter-Set"

Die IBM als Anbieter von Technologien, Hardware, Software und Dienstleistungen für die Informationsgesellschaft von morgen möchte Ihr Partner sein.

Deshalb wurde ein Basispaket -bestehend aus Kiosken und einer Standard-Anwendung entwickelt, um Kommunen zu einem sehr attraktiven Preis den Einstieg in die Informationsgesellschaft zu ermöglichen. Durch die Verwendung von modernen Multimedia-Programmierwerkzeugen sind Ihnen in Bezug auf eine individuelle Erweiterbarkeit keine Grenzen gesetzt.

Analog zu dem Basispaket für Kommunen sind weitere Pakete für Landkreise, Energieversorgungsunternehmen und Krankenkassen in Vorbereitung. Egal, aus welcher Branche der Vorreiter der Intelligent City auch kommen mag; wir machen Ihnen einen passenden Vorschlag, wie Sie die Selbstbedienung für Ihre Kunden zur Verbesserung der Kundenzufriedenheit und Steigerung Ihrer Wettbewerbsfähigkeit einsetzen können:

- Das IBM Creative Multimedia Studio in Heidelberg, Frankfurt, Bern, Hannover
- Das Europäische Netzwerkforschungs-Center der IBM in Heidelberg
- Die IBM Service-Zentren für Anwendungsentwicklung
- Der IBM Technische Außendienst
- Die IBM Systeme und Netze GmbH
- Der IBM Vertrieb für branchenorientierte Lösungen

Bürgerberatungs- und informationssystem der Stadt Magdeburg

Roman Krajinski, Magdeburg

1. Einführung

1.1 Visionen einer künftigen Entwicklung der Stadt

Magdeburg, Landeshauptstadt des neuen Bundeslandes Sachsen-Anhalt, war in den vergangenen Jahrzehnten – eigentlich seit Ende des 19. Jahrhunderts – geprägt durch den Schwermaschinen- und Anlagenbau. Diese Industrie ist heute nicht mehr vor Ort. So stellt sich die Frage nach dem Selbstverständnis der Stadt bzw. nach den Visionen kommunaler Entwicklung.

Kommunalpolitik und Verwaltungsmanagement treten für eine als bürgerfreundlich geltende Stadt ein, für den Erhalt der verbliebenen industriellen Kerne, für die Förderung der mittelständischen Wirtschaft und die Entwicklung der Kommune zu einem

- Dienstleistungs- und Verwaltungszentrum
- regionalen Warenumschlags- und Handelsplatz für Straße, Schiene, Wasser und Luft
- überregionalen Zentrum für Bildung, Wissenschaft und Forschung
- überregionalen Zentrum der medizinischen Versorgung
- regionalen Kulturzentrum.

1.2 Die Informatik-Strategie der Stadt – Unterstützung der kommunalen Entwicklung

Ende 1994/Anfang 1995 hat sich die Stadt Magdeburg eine Strategie zur „Weiterentwicklung des Einsatzes und der Nutzung der Informations- und Kommunikationstechnik" gegeben, in der – abgeleitet von der Vision der kommunalen Entwicklung und den sich daraus ergebenden politischen Schwerpunktaufgaben – die Leitlinien des Einsatzes der Informations- und Kommunikationstechnik festgeschrieben wurden, ausgerichtet am Verwaltungsreformansatz mit seinem verstärkt betriebswirtschaftlich und dienstleistungsorientierten Handeln und zum anderen ausgerichtet am Bürger.

Für die Erarbeitung der Strategie zum genannten Zeitpunkt waren ausschlaggebend:

1. Der Abschluß des Neuaufbaus der Verwaltung:
   Lag in der Aufbauphase das Schwergewicht des Einsatzes der Informations- und Kommunikationstechnik auf den kommunalen „...wesen“ als dem „Rückgrat der Verwaltung“, so wird nunmehr im Bereitstellen einer zukunftsorientierten und investitionssicheren IuK-Infrastruktur ein wesentlicher Schwerpunkt gesehen.
2. Die bevorstehende Deregulierung des Telekommunikationsbereiches, der Wegfall der Fernmeldemonopole und die sich damit für Kommunen bietenden Gestaltungsräume sowie der Übergang zur sogenannten Informationsgesellschaft.
   Ohne die reißerischen und plakativen, aber gängigen Termini in diesem Zusammenhang zu benutzen, darf davon ausgegangen werden, daß die mit dem Wort „Informationsgesellschaft“ assoziierten Veränderungen vor allem das Zusammenleben der Menschen in Gemeinschaften betreffen, so auch das von Bürgern in Kommunen.
   Diese absehbare Entwicklung wurde in der Informatikstrategie berücksichtigt durch den Aspekt des Einsatzes kommunaler IuK-Infrastruktur als Basis für neue (Telematik-) Dienste. Dabei ermöglicht der avisierte Zeithorizont der Stadt das Agieren im Interesse der Bürger, orientiert aber gleichzeitig darauf, alle Chancen der neuen Technologien auszuloten und deren Risiken gründlich abzuwägen.

1.3 Sicherstellung des informationellen Grundbedarfes der Bürger als kommunale Aufgabe und Eröffnung eines Neuzugangs der Bürger zur kommunalen Selbstverwaltung durch den Einsatz von IuK-Technik

Wirtschaftliche Aspekte – Wettbewerbsvorteil und Standortförderung – können für eine Kommune nicht ausreichend für das Betreiben einer informations- und kommunikationstechnischen Infrastruktur und das Vorhalten von Telematikdiensten sein. Es gehört m. E. der Aspekt des nicht-kommerziellen, des öffentlichen Auftrags dazu, diese Leistungen der Kommune/Region als umfassende Angebote für

- Technologietransfer, Infrastruktureinrichtungen der Wirtschaft
- Bildung/Soziales
- Kultur/Touristik/Verkehr
- Verwaltung und Politik

aufzubauen und zu pflegen.

So kann mit dieser kommunalen IuK-Infrastruktur und den darauf betriebenen Diensten der gesamte Verwaltungs-, Kultur- und Lebensraum der Kommune in seinen politischen, sozialen und wirtschaftlichen Dimensionen besser erschlossen werden. Dadurch ergeben sich vielfältige Vorteile:

- *für die kommunale Selbstverwaltung:*
  Das Zusammenwirken der verschiedenen Verwaltungseinheiten kann besser organisiert, effizienter und effektiver werden.
- *für die Verwaltung:*
  Das Reagieren auf die Informations- und Kommunikationsbedürfnisse der Bürger kann schneller erfolgen, Verwaltungsakte können über elektronische Formen bürgernäher werden.
- *für die Bürger:*
  Sie können sich über das kommunale und regionale Geschehen besser informieren und damit ihr Grundrecht auf informationelle Selbstbestimmung besser wahrnehmen.

Zur informationellen Grundversorgung gehören alle Informationen, die der Bürger benötigt, um in der Informationsgesellschaft menschenwürdig leben und wirken zu können. Die neuen Informations- und Kommunikationstechnologien sind dabei so umfassend wie nötig und so wirtschaftlich wie möglich einzusetzen.

Diese Zukunftstechnologien unter dem Aspekt eines wohlverstandenen öffentlichen Auftrages zu nutzen, ist Chance für die anzustrebende „informierte Gesellschaft“, in der die Information als „wertvollstes Handelsgut“ gerechterweise nicht nur wenige besitzen, aber alle brauchen.

2. Das Bürgerberatungs- und -informationssystem

2.1 Gründe für seine Konzipierung

Die Ursachen für die häufigsten Defizite in der Kommunalverwaltung wurden durch umfangreiche Befragungen zusammengetragen und analysiert. Die wesentlichsten Ergebnisse dieser Untersuchungen lassen sich zu folgenden Aspekten zusammenfassen [1]:

- Kommunalverwaltungen existieren auf der Basis eines staatlichen Auftrages und hängen damit von der Zufriedenheit ihrer „Kunden“, im Unterschied zu privaten Organisationen, nur wenig ab.
- Die Arbeit in den Kommunalverwaltungen orientiert sich nicht oder zumindest zu wenig an der Betreuung ihrer „Kunden“, d.h. ihrer Bürger.Kommunalverwaltungen sind in der Regel relativ große heterogene Systeme, die für ihre „Kunden“ nur schwer zu überschauen sind. Die Heterogenität betrifft sowohl die vielen Prozesse und Ziele als auch die verschiedenen Gruppen der Klientel.
- Sowohl die Architektur des Systems „Kommunalverwaltung“ als auch deren Struktur, d.h. die Gesamtheit der kooperativen und organisatorischen Beziehungen zwischen ihren Elementen und Substrukturen, bedürfen einer entsprechenden Ausrichtung auf den Systemzweck.

Die Auswirkungen dieser Defizite trägt in erster Linie der Bürger, zum Beispiel in Gestalt von fehlender Informiertheit betreffs seiner Ansprüche, in Form von Ratlosigkeit oder vermeidbaren Wegen und

Wartezeiten u.a.m.. Kritiken und Frust bzw. Vorurteile auf beiden Seiten sind die Konsequenzen.

Eigene Untersuchungen bestätigten die genannten Aspekte und deren Auswirkungen. Sie bildeten die Basis für die Entwicklung des Bürgerberatungs- und informationssystems. Bei der Gestaltung des Systems sind verschiedene Sichten betrachtet sowie bewertet worden, und zwar:

- Bürger als Nutzer der durch die Kommune gebotenen Dienste bzw. als Betroffene
- Mitarbeiter der kommunalen Verwaltung als Dienstleister und
- Politiker als verantwortliche Entscheidungsträger.

Der Zugang zu den öffentlichen Dienstleistungen bietet nicht nur den Bürgern Schwierigkeiten, sondern auch den öffentlichen Bediensteten, falls das Anliegen nicht direkt in ihren Zuständigkeitsbereich fällt [2].

Die Gesamtorganisation der öffentlichen Verwaltung ist für den Bürger in der Regel zu wenig durchschaubar. Wer ist wofür zuständig? Wo bekomme ich was? Dies sind Beispiele für immer wiederkehrende Fragen, auf die der Ratsuchende, der Antragsteller oder ganz allgemein der Bürger nur schwer Antworten findet.

Für das Bürgerberatungs- und -informationssystem wurden die verfügbaren Techniken und darauf basierende Technologien ebenfalls aus diesen verschiedenen Sichten analysiert und bewertet. Dies führte zum Beispiel zu folgenden Fragen:

- In welchem Umfang eignet sich die betreffende Technik bzw. Technologie für den erforderlichen Einsatz?
- Wie gestaltet sich die Zusammenarbeit des Menschen mit dem vorgesehenen technischen System?
- Welches demokratische Potential schlummert in den jeweils verfügbaren Technologien?
- Welche Folgen hat der Einsatz dieser Technologien für die weitere Entwicklung?

- Können die Voraussetzungen für die Nutzung neuer Techniken und Technologien geschaffen werden, so zum Beispiel die erforderlichen Kommunikations-Infrastrukturen?

2.2 Leistungsumfang des Bürgerberatungs- und -informationssystems

Das Bürgerberatungs- und -informationssystem bietet

- seinen Nutzern eine Unterstützung bei der Analyse, Erkennung und Lösung von Problemen und Nöten verschiedenster Art, die ihre Person, ihr persönliches Umfeld (z.B. Familie, Arbeit) oder Kontakte mit Behörden betreffen, so z.B. bei einer Wohngeldbeantragung oder bei Kfz-Angelegenheiten,
- aktuelle Informationen über Behörden der Stadt und des Landes (z.B. Ordnungsamt, Finanzamt), Beratungsstellen (z.B. „Pro Familia"), Dienstleister, Selbsthilfegruppen („Anonyme Alkoholiker") u.a.m., d.h., es informiert, wofür diese Stellen zuständig sind, wo ihr Sitz ist, wie man dorthin gelangt, wann ihre Sprech-/Kontaktzeiten sind und benennt deren Ansprechpartner und Telefonnummer,
- eine Anpassung seiner Unterstützung an die Spezifik des jeweils interessierenden Problems (z. B. durch Querverweise) und die Individualität des Nutzers, z. B. an seine Altersgruppe oder seine Erfahrungen im Umgang mit Behörden,
- eine Handhabung, die auf einer leichtverständlichen Nutzerführung beruht und die dazu beiträgt, keine Barrieren im Umgang mit dem Computer zu schaffen bzw. vorhandene Hemmschwellen abzubauen. Über einen berührungssensitiven Bildschirm kann ***JEDER*** den gebotenen Service direkt nutzen. Die gewünschten Informationen kann man sich über einen Drucker ausgeben lassen,
- verschiedenartige Zugänge zu seinem Dienstleistungsangebot: Die „Problemlösung im Dialog" wird u. a. ergänzt durch eine „Stichwortregister-Nutzung" und einen „Anschriften-service",
- einen uneingeschränkten direkten Zugang zu seinem Beratungs- und Auskunftservice für jedermann, d.h. rund um die Uhr und

an allen Tagen der Woche durch eine Aufstellung des Systems an Orten, die zu jeder Zeit zugänglich sind,
- eine Grundlage für eine flächendeckende Beratung und Information der Bürger einer Gemeinde bzw. Stadt durch eine Installation des Systems an besonders frequentierten Orten der Kommune,
- für viele Notfälle eine „Schnelle-Hilfe"-Information durch die Bereitstellung von Rufnummern und Anschriften,
- dem Besucher der Stadt oder der Kommune eine erste Orientierung und Antworten auf ihn interessierende Fragen z.B. nach Dienstleistungen,
- den Behörden einen neuen Weg, ihren Bürgerinnen und Bürgern zu helfen.

2.3 Einsatzmöglichkeiten des Bürgerberatungs- und -informationssystems

Das Bürgerberatungs- und -informationssystem kann eingesetzt werden:

- in den Behörden zur Unterstützung und Qualifizierung der Arbeit der Bürgerberaterinnen, da es dafür geeignete Zugangsformen (Stichwortverzeichnis, Anschriftenverzeichnis u.a.m.) besitzt, die über Tastatur, Maus, PC-Bildschirm und Drucker nutzbar sind,
- als Informationstower für jedermann an öffentlich zugänglichen Orten (z.B. Bahnhofsvorhallen, Banken), auf der Basis eines besonders geschützten berührungssensitiven Bildschirms und eines Druckers,
- zur Vereinheitlichung der Auskünfte in einer Behörde, da alle Bediensteten einen Zugriff auf diese stets aktuellen Informationen haben.

2.4 Der prinzipielle Aufbau des Bürgerberatungs- und -informationssystems

Auf den Aufbau des Systems wird hier nur soweit eingegangen, wie es für das Verständnis dieser Ausführungen erforderlich ist.

Das Beratungssystem ist als ein *offenes* System konzipiert und implementiert. Dies bedeutet, sowohl seine Funktionalität als auch seine Wissensbasis sind erweiterbar. Es ist modular aufgebaut, um möglichst flexibel und wartungsfreundlich zu sein. Da es eine Client/Server-Architektur besitzt, kann man es sowohl auf einem Personalcomputer als auch auf lokalen Netzen betreiben. Der Zugang über öffentliche Netze gestattet, es auch vom Arbeitsplatz oder von der Wohnung aus zu nutzen. Die routinemäßig genutzten Systeme laufen auf Personalcomputern unter dem Betriebssystem MS-Windows bzw. auf Novellnetzen und damit auf Plattformen, die in großen Stückzahlen bereits existieren und weit verbreitet sind.

Die Funktionalität dieses Systems stützt sich vor allem auf die:

- Datenbanktechnologie, die eine effiziente Verwaltung des sehr umfangreichen Wissens in Gestalt von Texten gewährleistet
- Hypertexttechnologie, die das gespeicherte Wissen mittels Zeigern vernetzt
- Kommunikationstechnologie, die Zugriffe und Verbindungen über Sprach-, Computer- und Datennetze ermöglicht.

2.5 Die Wissensbasis des Bürgerberatungs- und -informationssystems

Die Wissensbasis ist die zentrale Speicherung des im Beratungssystem verfügbaren Wissens. Die Aufnahme der einzelnen Elemente desselben in diese Sammlung wird durch verschiedene Kriterien beeinflußt. Besonders wesentlich ist dabei der Lebenszyklus des Wissens, da er den personellen Aufwand und damit auch die Kosten für die Wartung dieser Basis beeinflußt. Die Wartung wiederum hat die Aktualität des gespeicherten Wissens zu gewährleisten.

Die genannte Basis enthält nicht nur Wissen, das zum Beispiel nur für die Kommune gültig ist, die das System betreibt. In diesem Zusammenhang ist eine Zuordnung zu den nachfolgend benannten *„Schichten“* sinnvoll:

1. „Europäische Union“: dieses Wissen ist für alle Mitgliedländer der EU gleichermaßen bedeutsam und gültig (Ausschreibungen von Förderprogrammen, Aufträgen)
2. „Mitgliedsland der EU“: dieses Wissen ist nur für das betreffende Land relevant und vielfach durch gesetzliche Bestimmungen fixiert
3. „Bundesland, Provinz“: dieses Wissen ist spezifisch für diese Struktureinheit, da es Probleme betrifft, die durch sie geregelt werden (zum Beispiel das Bildungswesen)
4. „Stadt bzw. Kommune“: dieser Teil der Wissensbasis interessiert vor allem ihre Bürger

In diesem Zusammenhang können auch Substrukturen sinnvoll sein.

2.6 Ergebnisse und Erfahrungen der bisherigen Nutzung

Mit den verschiedenen Versionen und Varianten des hier vorgestellten Beratungssystems konnten über mehrere Jahre Erfahrungen sowohl bei der Erprobung als auch der praktischen Nutzung gesammelt werden. Diese Rückkopplungsinformationen beeinflussen den weiteren quantitativen und qualitativen Ausbau.

Sehr konkrete Hinweise kommen aus der täglichen Arbeit der Bürgerberaterinnen, die das System seit Juli 1994 als ständiges Arbeitsmittel nutzen. Sie erkennen schnell vorhandene Lücken und Schwachstellen bei ihren Gesprächen mit den Bürgerinnen und Bürgern und sammeln diese. Um diese Aktivitäten zu unterstützen, wurde dafür ein relativ eigenständiges Modul geschaffen, das eine schnelle und bequeme Speicherung aller Empfehlungen und Hinweise ermöglicht.

2.7 Entwicklungsstufen

Die weitere Entwicklung des Systems umfaßt zum einen den weiteren Ausbau der bereits vorhandenen relativ umfangreichen Wissensbasis unter quantitativen und qualitativen Aspekten und zum anderen den schrittweisen Ausbau des Systems hinsichtlich der Funktionalität desselben, der Erweiterung der Zugangsformen und der Vernetzung mit anderen Anwendungssystemen der Stadtverwaltung.

Der weitere Ausbau des Systems sieht auch Zugänge über künftige und bereits existierende Computernetzwerke und Kommunikationsnetze vor. Im Rahmen eines stadteigenen Kommunikationsnetzes kann das „Bürgerberatungs- und -informationssystem" ein neuer und sehr wesentlicher Dienst der Stadt für ihre Bürger und Gäste werden.

3. Das Bürgerberatungs- und -informationssystem und das „Internet"

Seit mehren Jahren wird das „Internet" vom Entwicklerteam genutzt und viele Erfahrungen konnten dadurch für das Bürgerberatungs- und -informationssystem gesammelt werden.

Trotzdem wurde nicht vorrangig und von Anfang an auf die Nutzung von Internet als Kommunikationsinfrastruktur und auf World Wide Web (WWW) als dem Werkzeug der Wissensverwaltung abgestellt und zwar aus folgenden Gründen:

- Die Nutzerführung und die Oberfläche des Bürgerberatungs- und -informationssystems sind so gestaltet, daß sie eine intuitive Handhabung gestatten und keine speziellen Vorkenntnisse erfordern, da Schulungen der Nutzer nicht möglich sind.
  Bei aller Euphorie hinsichtlich des Internets muß jedoch festgestellt werden, daß weder das genannte Netzwerk noch die verfügbaren Tools für jedermann nutzbar sind. Werkzeuge für professionelle Nutzer sind keineswegs auch „ a priori" für gelegentliche Nutzer geeignet. Die angestrebte Bürgernähe, vermittelt zwar durch einen Telematik-Dienst, sollte nicht noch durch Schwierigkeiten beim Zugriff auf das System belastet werden.

– Das Wissen im Bürgerberatungs- und -informationssystem dient in erster Linie der informationellen Grundversorgung der Bürger einer Stadt bzw. Region. Der prozentuale Anteil der Fernzugriffe auf das System ist in Relation zu den direkten Zugriffen oder Zugriffen des Nahbereiches niedriger, da die Ansprechpartner der Bürger zur Lösung ihrer Probleme vorwiegend in der jeweiligen bzw. benachbarten Stadt und über die bereits existierende Kommunikationsinfrastruktur erreichbar sind, und damit kein weltweites Kommunikationsnetz erforderlich ist.

4. Literaturverzeichnis

Liedtke, Bernd; Tepper, August: *Sozialverträglicher Technikeinsatz in den Kommunen. Erfahrungen mit einem kommunalen Bürgeramt*,GMD-Bericht Nr. 177, Oldenburg Verlag München Wien, 1989.

Lenk, Klaus; Irps, Renate, *Mehr Dienstleistungsqualität im ländlichen Raum durch Bürgerbüros*, VOP, 3/1993, S. 164–169.

Stuchlik, Franz; Rüttinger, Eva; Wernert, Katja, *Modellierung, Implementation und Validierung eines Bürgerberatungssystems,* Proc. Der Wiener IT-Kongreß 1993 „Informations- und Kommunikationstechnologie für das neue Europa“, ADV Wien 1993, Bd.I, S. 89–98.

Stuchlik, Franz; Krajinski, Roman; Müller, Jutta; Wernert, Katja, *Neue Zugänge zur Verwaltung durch wissensbasierte Bürgerberatungssysteme*, Proc. ONLINE 95 „Neue Verwaltungskonzepte“: Neuausrichtung der Informationssysteme. Geographische Informationssysteme (GIS) und ihre Potentiale. Hrsg.: Heinrich Reinermann, Hamburg, 1995.

Beantragung eines Personalausweises über das Bürger-Informationssystem der Stadt Magdeburg

Abbildung 1: Beginn der Einordnung des Problems mittels Menü

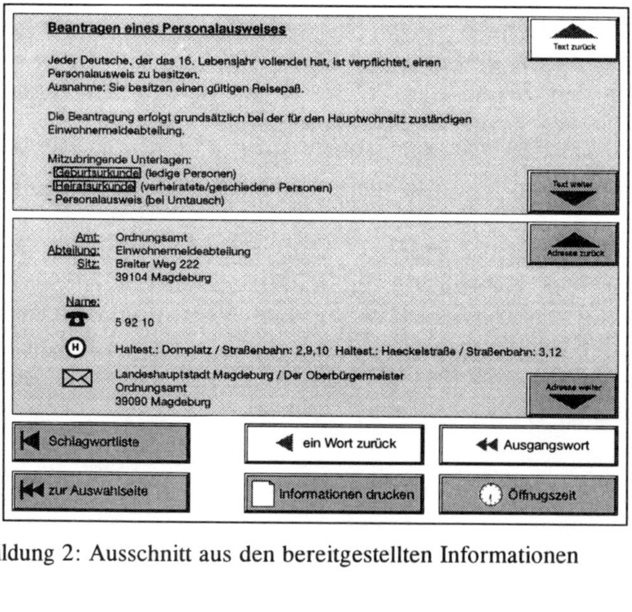

Abbildung 2: Ausschnitt aus den bereitgestellten Informationen

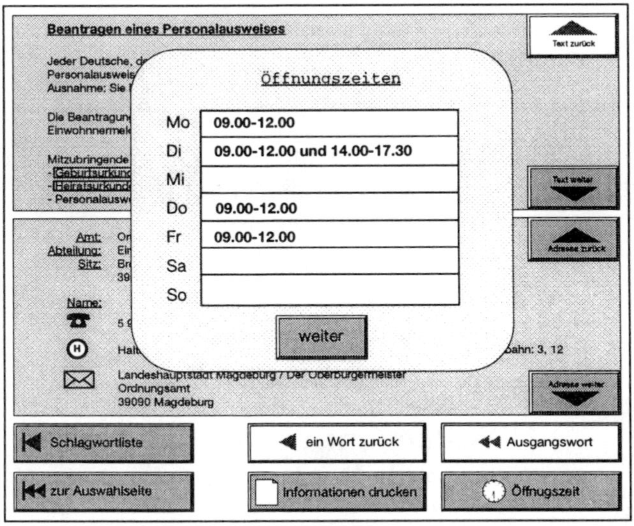

Abbildung 3: Anzeige der Öffnungszeiten des angezeigten Amtes

Kommunen im Internet am Beispiel der Stadt Worms

Professor Dr. E. Georg Walldorf, Worms

Die Stadt Worms präsentiert sich im Internet. Die folgenden Darstellungen enthalten einige Auszüge aus der Präsentation:

Grußwort OB
Ansprechpartner
Geographische Lage
Auf einen Blick
Geschichte
Sehenswürdigkeiten
Fremdenverkehr
Veranstaltungen
Wirtschaftsstandort
Leben in Worms
Worms Aktuell
Das Projektteam

Das Projektteam

Konzeption, Moderation des Arbeitskreises "Worms im Internet"
Koordination der Umsetzungsarbeiten

- **ifh - Institut für Handelsmarketing**
  Prof. Dr. Walldorf GmbH
  Postfach 54
  Saulheim / b. Mainz
  Fon: 06732 / 1085
  Fax: 06732 / 8155

Arbeitskreis "Worms im Internet"

- **ifh**: Prof. Dr. E. Georg Walldorf (Moderation)
- **Stadt Worms**:
  - H. H. Brecht (Presse-/Öffentlichkeitsarbeit)
  - K. Busch (Stadtinformation)
  - H. Lohmann (Stadtentwicklung)
- **Telekommunikations-Zentrum (TK-Z)** der FH Rheinland-Pfalz:
  - Prof. Dr. Klaus O. Frank (Leiter TK-Z)
  - Ivo Rutter

Umsetzung

- **BIX GmbH**
  Eckenbertstr. 7
  67549 Worms
  Fon: 06241 / 952190
  Fax: 06241 / 952191

- Technik, Programmierung: Claus Bayer
- Grafik: Werner Tschernoussow

EMail
Schreiben Sie uns Ihre Meinung!

Grußwort OB
Ansprechpartner
Geographische Lage
Auf einen Blick
Geschichte
Sehenswürdigkeiten
Fremdenverkehr
Veranstaltungen
Wirtschaftsstandort
Leben in Worms
Worms Aktuell
Das Projektteam

Willkommen in der ältesten Stadt Deutschlands

Ich freue mich sehr, daß Sie unsere Internet-Präsentation angewählt haben. Auf den nächsten Seiten werden Sie viel Wissenswertes und Informatives über die älteste Stadt Deutschlands erfahren. Worms ist eine lebendige und aufgeschlossene Stadt mit heute 82.000 Einwohnern. Sie liegt am linken Rheinufer, zwischen den Städten Mainz und Ludwigshafen. In Worms wurden nicht nur die bedeutenden Reichstage des Mittelalters abgehalten, hier wächst und gedeiht auch die weltberühmte original "Liebfrauenmilch", der Wein im Umfeld der Liebfrauenkirche.

Für den lebhaften Fremdenverkehr sind vor allem der romanische Dom, der älteste Judenfriedhof Europas, das ehemalige Judenviertel in der Altstadt mit Synagoge, Raschihaus und Jüdischem Museum, das Lutherdenkmal als größtes Reformationsdenkmal der Welt, die Kunstsammlung im Heylshof und das städtische Museum im Andreasstift beliebte Anlaufstellen.

Wirtschaftlich geprägt wird die Stadt von Handel, Handwerk und Industrie. Die hervorragende logistische Anbindung über Straße, Schiene, Wasser und Luft aber auch das wirtschaftsfreundliche Klima, machen unseren Standort für Firmen unterschiedlichster Branchen interessant.

Worms ist eine liebenswerte Stadt mit viel Kultur und besonderem Flair, in der neben dem Ernst des Alltags auch das Feiern und die Lebensfreude nicht zu kurz kommen. Zum bekannten Backfischfest, dem größten Wein- und Volksfest am Rhein, oder etwa zum Wormser Jazzfestival mit bekannten und renommierten Musikern und Bands aus der ganzen Welt, zieht es alljährlich zahlreiche Besucher in die Dom-, Luther-, Nibelungen- und Weinstadt.

Gernot Fischer
Oberbürgermeister
der Stadt Worms

Grußwort OB
Ansprechpartner
Geographische Lage
Auf einen Blick
Geschichte
Sehenswürdigkeiten
Fremdenverkehr
Veranstaltungen
Wirtschaftsstandort
Leben in Worms
Worms Aktuell
Das Projektteam

Stadtinformation

Adresse:	Neumarkt 14 67547 Worms
Ansprechpartner:	Verkehrsdirektor Klaus Busch Telefon: 06241-853-560 oder 25045 Fax: 06241-26328 oder schicken Sie mir eine EMail!
Öffnungszeiten:	Mo.-Fr. 9-12 h und 14-17 h April - Oktober auch Sa. 9-12 h
Informationsbroschüren:	Sie können auch bequem, direkt via Internet Informationsmaterial zu Worms anfordern. Benutzen Sie einfach unser Bestellformular.

Das gemeinsam von Stadtverwaltung und Verkehrsverein betriebene Informationsbüro (Tourist-Information) befaßt sich mit der Werbung für die Stadt Worms im In- und Ausland. Ferner betreut es die Besucher der Stadt und zeichnet verantwortlich für die Gesamtwerbung sowie das Rahmenprogramm der verschiedenen Feste.

Genauere Informationen zu den einzelnen Aufgaben und Serviceleistungen der Stadtinformation erhalten Sie auf Anfrage.

- Grußwort OB
- Ansprechpartner
- Geographische Lage
- Auf einen Blick
- Geschichte
- Sehenswürdigkeiten
- Fremdenverkehr
- Veranstaltungen
- Wirtschaftsstandort
- Leben in Worms
- Worms Aktuell
- Das Projektteam

Worms - im Wandel der Zeit

Das Gebiet der Stadt Worms ist seit mehr als 7000 Jahren von Menschen besiedelt. Der älteste überlieferte Name der Stadt (Borbetomagus) ist keltischen Urspungs.

Die Römer nannten die hochwasserfrei am Rhein gelegene Stadt nach dem hier wohnenden Stamm Civitas Vangionum. Es entstanden ein Garnisonsort und eine ausgedehnte Zivilsiedlung.

In der Zeit der Völkerwanderung war Worms Hauptstadt des kurzlebigen Burgunderreiches. So will es zumindest das um 1200 aufgezeichnete Nibelungenlied.

Seit dem frühen Mittelalter ist Worms Bischofssitz. Seit der Jahrtausendwende (Bischof Burchard, gest. 1025) erfolgt ein verstärkter Ausbau der Stadt, ihre Befestigung und die Errichtung von Stiften, Kirchen und Kapellen.

Worms gehört in der Stauferzeit zu den wichtigsten Stützpunkten des Reiches und seiner Kaiser und Könige. Das seit dem 11. Jahrhundert entstehende Bürgertum und die bedeutende Wormser Judengemeinde sind Träger städtischen Bewußtseins.

Die bereits von den Saliern privilegierten Bürger von Worms (1074 Zollfreiheit) erlangen in stetem Konflikt mit den Bischöfen und der Geistlichkeit im 13. Jahrhundert den Status als Freie Reichsstadt (bis 1797).

Die glanzvollen Wormser Reichstage der Jahre 1495 und 1521 (Luther vor Kaiser und Reich) dokumentieren den Stellenwert der Reichsstadt und erlangen weit über die Stadt hinaus Bedeutung.

Auf eine wirtschaftlich gesicherte Epoche bis etwa 1600 folgt im 17. Jahrhundert ein langanhaltender Abschwung der seit der Reformation überwiegend lutherisch gewordenen Stadt.

- Grußwort OB
- Ansprechpartner
- Geographische Lage
- Auf einen Blick
- Geschichte
- Sehenswürdigkeiten
- Fremdenverkehr
- Veranstaltungen
- Wirtschaftsstandort
- Leben in Worms
- Worms Aktuell
- Das Projektteam

Leben in Worms

Technische Hilfeinrichtungen
Freiwillige Feuerwehr Worms
Bundesanstalt Techn. Hilfswerk

Gesundheitswesen
Gesundheitsamt für die Stadt Worms und den Landkreis Alzey-Worms
Malteser Hilfsdienst e.V.

Krankenhäuser
Hochstift
Stadtkrankenhaus

Gemeinnützige Einrichtungen

Altentagesstätten, Altenheime, Altenhilfe

Beratungsstellen

Schulen und Bildungseinrichtungen
Grundschulen
Hauptschulen
Grund- und Hauptschulen
Sonder / Förderschulen
Realschulen
Gymnasien
Schullandheim "Hoher Darsberg"
Berufsbildende Schulen
Fachhochschule
Krankenpflegeschule
Sonstige Bildungseinrichtungen
Privatschulen

Kindergärten, Kindertagesstätten

Kirchen und Religionsgemeinschaften
Evangelische Kirche
Katholische Kirche
Andere Religionsgemeinschaften

Vereine und Organistaionen
Frauenorganistaionen
Gartenbauvereine
Gesangvereine
Heimatvereine
Interessenvereinigungen

Grußwort OB
Ansprechpartner
Geographische Lage
Auf einen Blick
Geschichte
Sehenswürdigkeiten
Fremdenverkehr
Veranstaltungen
Wirtschaftsstandort
Leben in Worms
Worms Aktuell
Das Projektteam

Worms als Arbeitsplatz:

Erwerbstätige 1994:

sozialversicherungspflichtig:	27.672
nach Wirtschaftssektoren	
Land- u. Forstwirtschaft:	238
prod. Gewerbe:	12.194
übrige Wirtschaftszweige:	15.240
Beschäftigte in der Industrie 1994:	
Beschäftigte in der Industrie:	10.092
Beschäftigte in der Industrie je 1.000 Einwohner:	127
Bruttolohn- und Gehaltssumme je Beschäftigtem im verarbeitenden Gewerbe:	67.644 DM

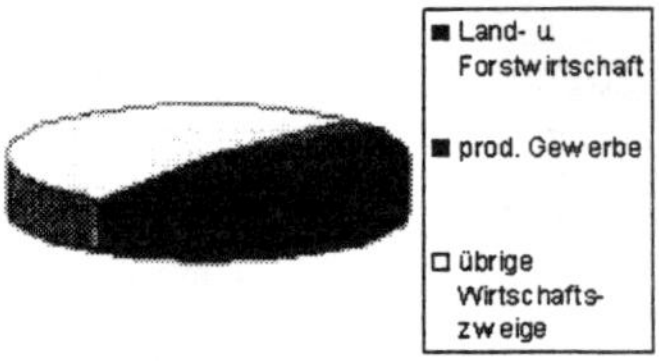

Erwerbslose (Stand: 03/96):

Arbeitslose insgesamt:	5.330
davon weiblich:	2.397

Pendlerstatistik (insgesamt Männer und Frauen; Stand: 01.01.95):

- Grußwort OB
- Ansprechpartner
- Geographische Lage
- Auf einen Blick
- Geschichte
- Sehenswürdigkeiten
- Fremdenverkehr
- Veranstaltungen
- Wirtschaftsstandort
- Leben in Worms
- Worms Aktuell
- Das Projektteam

Fremdenverkehr

Gäste und Übernachtungen

	1995
Gäste (Anzahl)	43.960
Veränderung in %	+21,2 %
Übernachtungen (Anzahl)	91.466
Veränderung im Vgl. zum Vorjahreszeitraum (in %)	+28,3 %

Ausländische Gäste und deren Übernachtungen

	1995
Ausländische Gäste (Anzahl)	8.169
Übernachtungen (Anzahl)	16.353

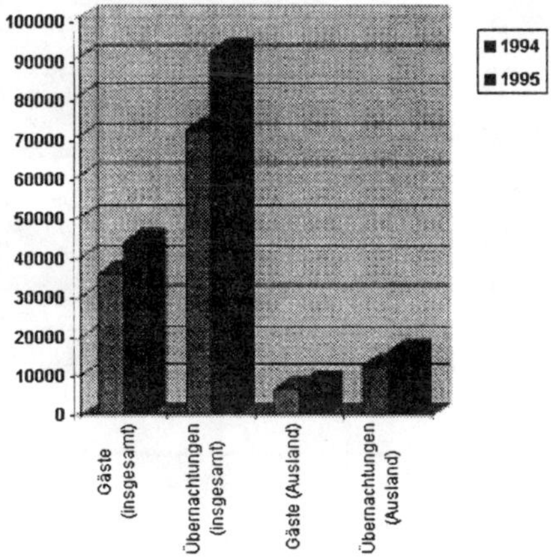

Von Januar bis Dezember 1995 wurden in Worms 43.960 Gästemeldungen (darunter 8.169 Besucher aus dem Ausland) und insgesamt 91.466 Übernachtungen registriert (hiervon 16.353 ausländische Gäste). In diesem Fall betragen die Zuwächse gegenüber dem jeweiligen Vorjahreszeitraum 21, 2 bzw. 28,3 Prozent.

Grußwort OB
Ansprechpartner
Geographische Lage
Auf einen Blick
Geschichte
Sehenswürdigkeiten
Fremdenverkehr
Veranstaltungen
Wirtschaftsstandort
Leben in Worms
Worms Aktuell
Das Projektteam

Stadt Worms - Wir sind für Sie da

- Stadtinformation (SI)
- Wirtschaftsförderungsgesellschaft für die Stadt Worms (WFG)
- Amt für Liegenschaften und Stadtentwicklung (LS)
- Referat für Presse- und Öffentlichkeitsarbeit (PR)

von links nach rechts:
H. Lohmann (LS), G. Fischer (OB), H.H. Brecht (PR), K. Busch (SI)

V. Roth (WFG)

K. Kröhler (WFG)

J. Kramer

Grußwort OB
Ansprechpartner
Geographische Lage
Auf einen Blick
Geschichte
Sehenswürdigkeiten
Fremdenverkehr
Veranstaltungen
Wirtschaftsstandort
Leben in Worms
Worms Aktuell
Das Projektteam

SEHENSWÜRDIGKEITEN

Kirchen

- Dom St. Peter
- Liebfrauenkirche

- Andreaskirche
- Dreifaltigkeitskirche
- Friedrichskirche
- Lutherkirche
- Magnuskirche
- Martinskirche
- Pauluskirche

- Synagoge

Historische Friedhöfe

- Hochheimer Friedhof
- Judenfriedhof

Denkmäler und Brunnen

- Alter Marktbrunnen
- Brunnen auf dem Schloßplatz
- Denkmal für die Opfer des Faschismus
- Ehrenmal
- Hagenstandbild
- Jahndenkmal
- Küchlerdenkmal
- Ludwigsdenkmal
- Lutherdenkmal
- Martinspforte
- Rathaus
- Wormser Stare-Denkmal und "Salzstää"
- Schicksalsrad
- Siegfriedbrunnen
- Stadtbefestigung
- Winzerbrunnen

- Grußwort OB
- Ansprechpartner
- Geographische Lage
- Auf einen Blick
- Geschichte
- Sehenswürdigkeiten
- Fremdenverkehr
- Veranstaltungen
- Wirtschaftsstandort
- Leben in Worms
- Worms Aktuell
- Das Projektteam

Worms aktuell
die Highlights im Juli

Ganzjährig:

Veranstaltungen im Lutherjahr 1996

25. Juli:

PHILHARMONIE DER NATIONEN
Dirigent: Justus Frantz

Zu Gast im Schloßpark Worms-Herrnsheim: **Philharmonie der Nationen, Dirigent: Justus Frantz** mit Werken von Maurice Ravel, L. v. Beethoven, J. Brahms. Konzertbeginn: 20.00 Uhr, Worms-Herrnsheim

26. bis 28. Juli:

Palatino - Die Tour '96
Die Comedy und Musik-, Varieté-,Kabarett- & Artisten-Show im Kultursommer Rheinland-Pfalz. Veranst.-Ort: Schloßpark Worms-Herrnsheim
Hotline: Kulturbüro Worms, Tel.: 06241/ 853 674

Vorschau auf August:

Christoph W. Gluck
ORPHEUS EURYDIKE

Freilichtinszenierung am Hernsheimer Schloß.
Oper in drei Akten in deutscher Sprache

- Grußwort OB
- Ansprechpartner
- Geographische Lage
- Auf einen Blick
- Geschichte
- Sehenswürdigkeiten
- Fremdenverkehr
- Veranstaltungen
- Wirtschaftsstandort
- Leben in Worms
- Worms Aktuell
- Das Projektteam

WORMS - HOTLINE !!!

Ihre Anschrift:

Firma: **Telefon:**

Name: **FAX:**

Adresse: **EMail:**

An wen wollen Sie sich wenden:

Ihre Meinung/Frage/Anregung:

Arbeitskreis 3: Kommunikation bei verteilten Organisationen

Informationsverbund Berlin - Bonn

Hellmut Hoppe, Bonn

Der zukünftige Regierungssitz der Bundesrepublik Deutschland wird Berlin sein. Die effektive Kommunikation zwischen zukünftigem und bisherigem Regierungssitz soll durch den Einsatz moderner Informationstechnologie – den Informationsverbund Berlin-Bonn – sichergestellt werden.

IVBB - Informationsverbund Berlin-Bonn

Übersicht über den Stand der Planung und Realisierung des Verbundes

Stand: April 1996

Ausgangssituation

- **Beschluß des Deutschen Bundestages v. 20.6.1991**
- **Berlin-Bonn-Gesetz vom 26.4.94**
- **Die "geteilte" Regierung: das Kombinationsmodell**
- **Berichte des Arbeitsstabes:**
  - » Ziel aller Maßnahmen ist die uneingeschränkte Funktionsfähigkeit der Verfassungsorgane intern und in ihren Beziehungen zueinander
  - » ......dem Einsatz moderner Informationstechnik kommt zur Überbrückung der räumlichen Entfernung herausragende Bedeutung zu..........

Wer wird wo ressortieren?

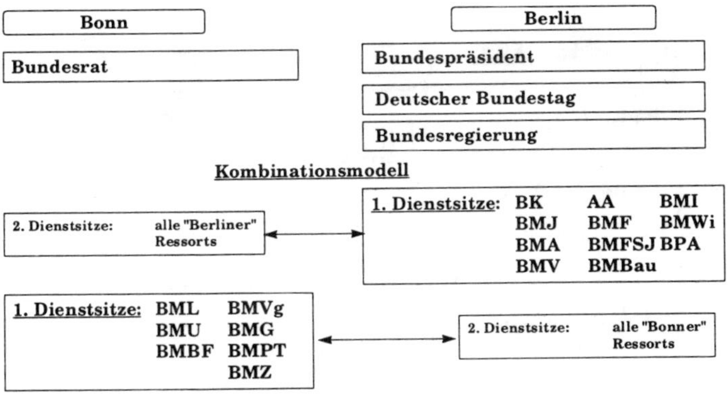

Ziel des IVBB

Globales Ziel:
Der Informationsverbund muß die Arbeit der Verfassungsorgane auch über die Standorte Berlin und Bonn hinaus von räumlichen Strukturen und Gegebenheiten unabhängig machen.

- **Die erhöhten organisatorischen und technischen Anforderungen an die Kommunikation**
  - **höhere Anforderungen ergeben sich z.B. bei**
    - **Persönlicher Abstimmung in kleinen und großen Gruppen**
    - **Zugriff auf Dokumente und Akten**
    - **Persönlichen Vorträgen/Rücksprachen**
- **durch den Aufbau eines leistungsfähigen Informationsverbunds zu erfüllen durch**
  - **Einsatz moderner Technik in allen Bereichen,**
  - **leistungsfähige Vernetzung unter Einbeziehung mobiler Kommunikation.**

Modell für die Realisierung des IVBB

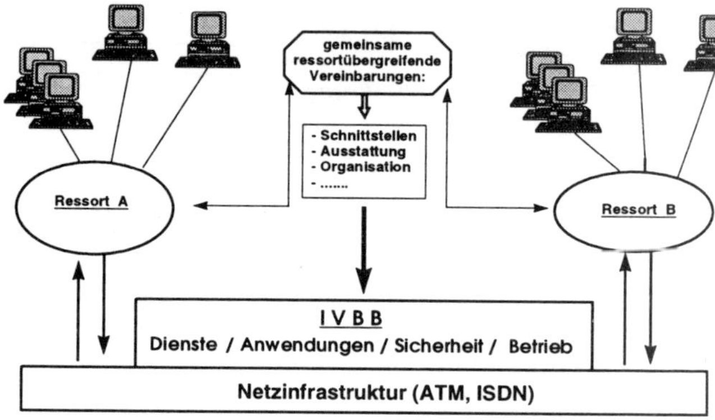

Mindestforderungen für einen Informationsverbund (1)

- **Der Aufbau des Informationsverbundes erfolgt nach den Grundsätzen**
  - **größtmögliche Homogenität der eingesetzten Technik durch Festsetzung von Standards für alle kommunikationsrelevanten Komponenten,**
  - **hoher Sicherheitsstandard, der der Forderung nach uneingeschränkter Funktionsfähigkeit der Verfassungsorgane genügt,**
  - **Optimierung der Wirtschaftlichkeit durch gemeinsame Ressourcennutzung, ggf. durch übergreifende Auslagerung und Zusammenfassung von Aufgabenbereichen,**
  - **frühzeitige und umfassende Erprobung und Einführung neuer Techniken.**

Mindestforderungen für einen Informationsverbund (2)

- Leistungsfähige, zukunftssichere, skalierbare Netzbasis
- Entsprechende IT-Infrastrukturen in den Gebäuden und Liegenschaften
- Bereitstellung multimedialer Dienste und Anwendungen
- Mobilkommunikation einbeziehen
- Bereitstellung von Informationen in elektronischer Form
- Einführung elektronischen Archive (Registraturen)
- Entsprechende Ausstattung an den Arbeitsplätzen und in Konferenzräumen

Organisation des Vorhabens

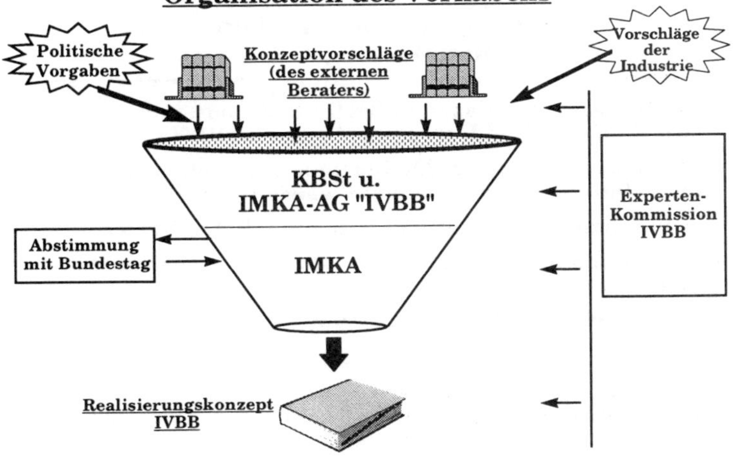

Planung einer Einstiegslösung
für den IVBB
(Minimalkonzept)

Ziele

- **Kommunikation zu den Berliner Außenstellen verbessern**
- **Kommunikation kostengünstig gestalten**
- **Verfügbarkeit und Sicherheit wie im Bonner Behördennetz (BBN) erhalten**

Was leistet die Einstiegslösung
(Minimalkonzept) ?

- **Telefonieren und Faxen in Berlin und Bonn und zwischen den Standorten (wie bisher im BBN in Bonn)**
- **TK-Anlagenkopplung, d.h. Berliner Teilnehmer kann über Hausrufnummer erreicht werden**
- **Datenkommunikation zwischen den lokalen Netzen**
- **Integration d. elektronischen Dokumentenaustausches (nach X.400)**
- **X.25-Anschluß über DFN-Verein in das Wissenschafts-netz (WIN)**

⇩

Innerhalb des IVBB fallen keine verkehrsabhängigen Kosten an !

"Minimalkonzept" IVBB
- Gesamtstruktur -

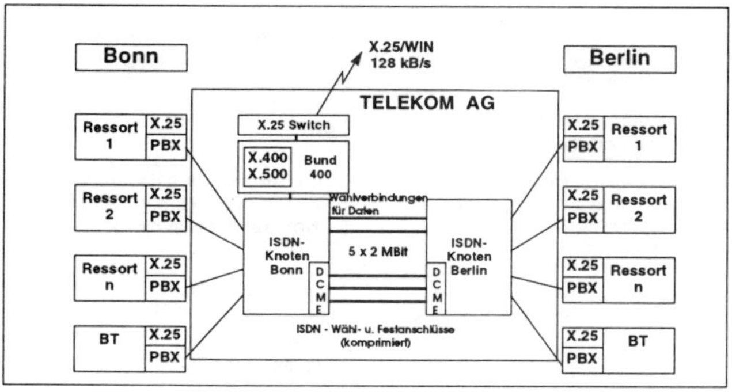

Bedarfsgerechte Weiterentwicklung der Einstiegslösung

- **Anbindung des elektronischen Postdienstes an nationale und internationale Netze**
- **Pilotbetrieb eines elektronischen Verzeichnisdienstes nach X.500 (elektronisches Telefonbuch)**
- **Aufbau eines Netzes für die Bereitstellung elektronischer Informationen (Pilotprojekt: EU-Dokumente)**
- **Weitere Pilotprojekte zur Erprobung "Neuer Techniken" (z.B. Videokonferenztechnik)**

Ausbau des IVBB in seinen dauerhaften Strukturen ab 1998

Aufgaben	Aufgabenträger
Management des IVBB - Planung, Organisation - Finanzierung (gem. Ressourcen) - Grundsätze der IT-Sicherheit	- BMI in Abstimmung mit - IMKA und Bundestag
Sicherheitsrelevante Kernaufgaben	BSI
Bereitstellung der Mehrwertdienste und Anwendungen - Dokumentenaustauschdienst - Verzeichnisdienst - Informationsangebote -	- im Einzelfall zu entscheiden - Vorwiegend kommt jedoch Netzbetreiber in Betracht
Bereitstellung der Basisdienste und Netze - ISDN, X.25, ... - Übertragungswege, Vermittlung, ...	Eigenbetrieb oder Privater Betreiber

Längerfristiger Ausbau des IVBB (1)

- **Zeitplanung**
  - » **Der IVBB in seinen dauerhaften Strukturen muß bereits vor Beginn des Umzuges bereitstehen und genutzt werden können.**
- **Realisierungsplanung**
  - » **Sukzessive und bedarfsgerechte Weiterentwicklung aus dem BBN**
    - **Erweiterung Netzkapazität (Einsatz von Breitbandnetzen)**
    - **technische Infrastruktur für Mehrwertdienste bereitstellen**
    - **Datennetz für Informationsbereitstellung (u.a. Internet)**
    - **Videokonferenzdienst bereitstellen**

Längerfristiger Ausbau des IVBB (2)

Weiteres Vorgehen

- **Beauftragung eines leistungsfähigen und unabhängigen Beratungsunternehmens (Ingenieurbüro) durch BMI (im Wettbewerb zu ermitteln):**
  - » Erarbeitung Ausbaustrategie und Realisierungsplan auf der Grundlage des technischen Konzeptes und des Sicherheitskonzeptes in Zusammenarbeit mit der Telekom
- **Abstimmung des Realisierungsplanes mit den Ressorts und den anderen Verfassungsorganen**
- **Realisierung nach Realisierungsplan**
  - » Vertragsabschluß mit der Telekom
  - » Weitere Unterstützung des BMI durch Ingenieurbüro

Basisinfrastruktur IVBB
- Konzept -

Standort Bonn

Standort Berlin

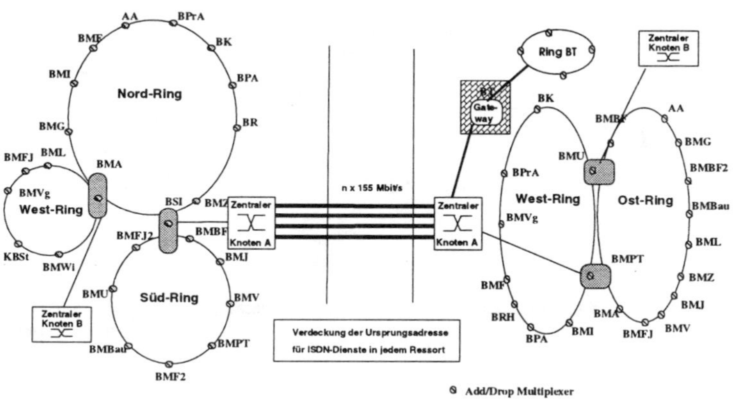

Schwerin - Bonn - Brüssel - Tallin

Martin Klose, Projektleiter Politeam der VW-GEDAS, Berlin

Die Globalisierung der Wirtschaft und die Realisierung der Europäischen Union führen zu geographisch verteilten Unternehmens- bzw. Behördenstandorten. Damit effektive Kommunikation über regionale Grenzen hinweg gewährleistet ist, müssen die jeweiligen Interaktionspartner informationstechnisch miteinander verbunden werden.

Diese Vernetzung kann am Beispiel des Pilotprojektes Politeam, in dem verschiedene Teile der mecklenburgischen Landesregierung mit der Landesvertretung in Bonn, dem Informationsbüro in Brüssel sowie einem Büro für Wirtschaftsbeziehungen in Tallin vernetzt sind, aufgezeigt werden.

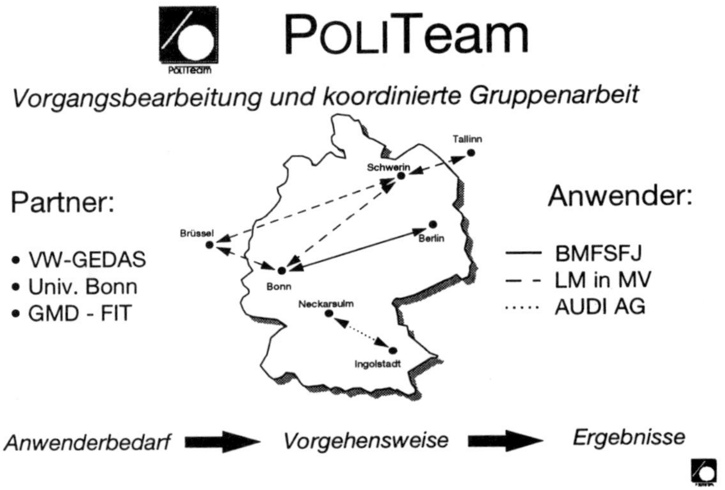

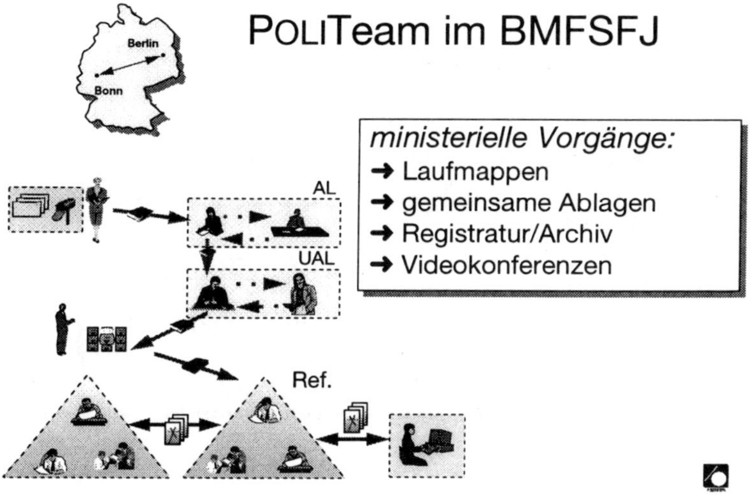
POLITeam im BMFSFJ
Berlin
Bonn
ministerielle Vorgänge:
➜ Laufmappen
➜ gemeinsame Ablagen
➜ Registratur/Archiv
➜ Videokonferenzen
AL
UAL
Ref.

POLITeam in den Ministerien
des Landes Mecklenburg-Vorpommern
Tallin
Informationsbüro
LM Wirtschaft
LM Justiz
Schwerin
Staatskanzlei
Brüssel
Landesvertretung
Bonn
Landesvertretung
Bundesrat
Dokumentaustausch:
➜ Bundesrat
➜ EU-Angelegenheiten
➜ Bundesratsanbindung
● organisations- &
● systemübergreifend

POLITeam in der AUDI AG

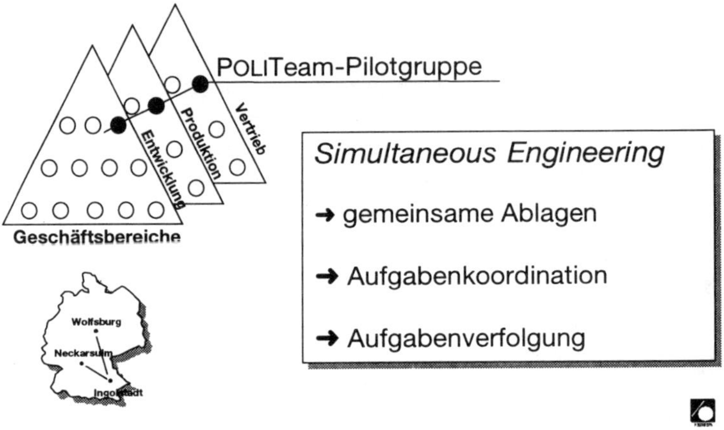

POLITeam & POLIVEST

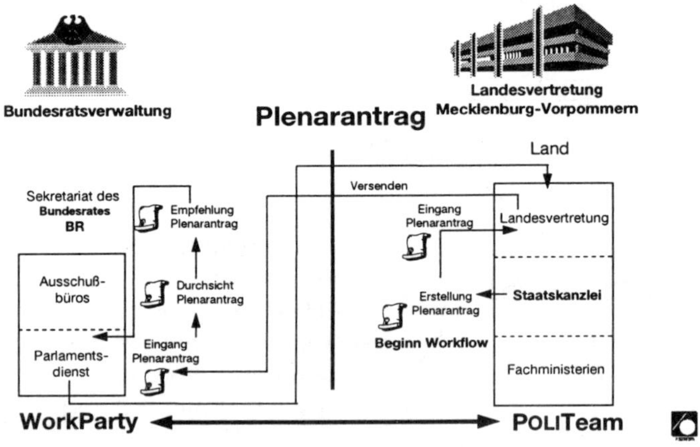

Der POLITeam Ansatz

Kooperative und evolutionäre Entwicklung
- wechselseitiger Lernprozeß
- System als Verständigungsmittel

Arbeitspraxis und Organisation bestimmen die Entwicklungsziele

Technische Lösungen ermöglichen neue Organisationsformen

Beibehaltung erprobter Kooperationsformen trotz räumlicher Trennung

Kooperative Entwicklung

Erste Systemversion
- Einzel- und Gruppengespräche
- typische Szenarien
- EVADIS - Evaluation
- Workshops

Nächste Systemversion

...

Nutzung in der Praxis
- Betreuung und teilnehmende Beobachtung
- Erhebungen zu Schulungen und Betreuungen
- Strukturierte Gespräche zur Nutzung
- Workshops

Das Startsystem

(LinkWorks/sfw) in der Anwendung seit 11/94 bzw. 2/95

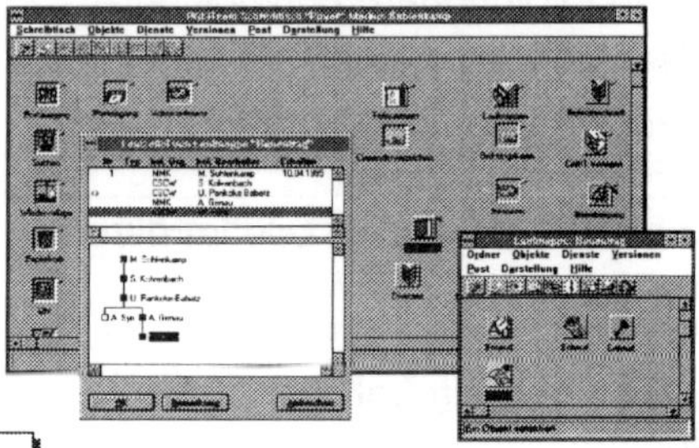

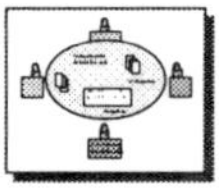

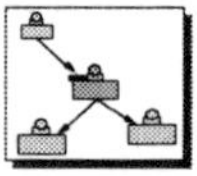

Gemeinsame Ablage Email Laufmappe

Erste Beobachtungen (1)

- Nutzung für die tägliche Arbeit von Beginn an
- Benutzer initiieren gemeinsame Arbeitsorganisation
- Parallelisierung von sequentiellen Prozessen
- Beschleunigung von Vorgängen

Erste Beobachtungen (2)

- Reintegration von Tätigkeiten
- Überarbeitung der Sicherheitsphilosophie
- Diskrepanz zwischen "gelebter" Verwaltung und behördlichen Vorschriften

PoliTeam Weiterentwicklungen

Videointegration

handschriftliche Bearbeitung von Dokumenten

Sicherheit und Nachvollziehbarkeit

Medienintegration & Registratur

Lösungen zur Erweiterung des Startsystems

Elektronische Gittermappe mit Aktenverfolgung und der Verwaltung aller notwendigen Metainformationen wie:

- Aktenzeichen/Geschäftszeichen
- Federführende Stelle
- Laufweg
- Bearbeiter
- Mitzeichnungsleiste

Lösungen zur Erweiterung des Startsystems

Unterstützung der Gruppenarbeit durch:

- Einrichten von gemeinsamen Arbeitsbereichen
- Schützen von gemeinsamen Arbeitsbereichen
- dynamische, selbstgelenkte Zusammensetzung der Gruppe
- aktuelle Informationen über das kooperative Umfeld

Zusammenfassung

- PoliTeam Anwendungslösungen für:
  - Mitzeichnungsvorgänge
  - schnelle überörtliche Vorgangsunterstützung
  - Simultaneous Engineering Prozesse

- Ergebnisse
  - 1-jährige Nutzung bei allen Anwendungspartnern
  - anwendergerechte Unterstützung der Kooperation in Referaten und Projektgruppen
  - Konzepte und Prototypen als Basis für die organisatorische Verbreiterung

Infocity NRW

Ekkehart Gerlach, Vebacom GmbH, Düsseldorf

Was ist das?

Infocity NRW ist das größte Multimedia-Pilotprojekt Europas. Das Projekt wird von Vebacom partnerschaftlich geführt. Partner sind Unternehmen, Medien und öffentliche Einrichtungen. Infocity vernetzt Firmen, Hochschulen und wissenschaftliche Institute, Kliniken, Sendeanstalten, Verlage, kommunale Verwaltungen und rund 10.000 ausgewählte Privathaushalte miteinander. Das Projekt soll die Menschen in der Region schon heute mit der Telekommunikation von morgen vertraut machen. Wir wollen damit online-Kommunikation für jedermann erproben und neue Ideen und Programme entwickeln.

Was macht Vebacom für die Infocity?

Vebacom stellt der digitalen Stadt die Architektur und Infrastruktur zur Verfügung. Wir bauen eine elektronische Autobahn, die viele Städte in NRW miteinander verbindet. Auf ihr können die großen Datenmengen, wie man sie für Multimedia braucht, schnell transportiert werden. Jeder Teilnehmer bekommt von uns einen eigenen Anschluß, mit dem der sich in den Datenverkehr einklinken kann. Die Privathaushalte werden dann die Bürger und die Unternehmen die Geschäfte in der Infocity sein.

Wer sind die Partner?

Damit das Angebot von Infocity möglichst vielseitig ist, kommen die Partner aus den unterschiedlichsten Bereichen; es sind Medienkonzerne, Sendeanstalten, Versandhäuser, Banken, Zeitschriften- und Zeitungsverlage, Computer- und Softwarefirmen.

Was machen die Partner in der Infocity?

Die Partner realisieren ihre Ideen und Programme für das Netz. Und die ersten arbeiten bereits in der Infocity. Seit Januar wird das WDR-Filmarchiv in Köln mit seinem Studio in Düsseldorf vernetzt. So kann auf das Filmmaterial aus über 40 Jahren zurückgegriffen werden, ohne daß ein Videoband oder eine Filmdose bewegt werden muß. In dem Teilprojekt RUCOM schließen sich Universitäten, Fachhochschulen und Forschungseinrichtungen zusammen, um schneller Wissen und Meinungen auszutauschen. Im Klinikverbund NRW werden medizinische Daten ausgetauscht, und man plant, die Telekommunikation künftig zur Diagnose und Beratung einzusetzen.

Wo ist die Infocity?

In Nordrhein-Westfalen. Das Netz ist ein Ring, der die Großstädte an Rhein und Ruhr zu einer Infocity zusammenschließt. Er verbindet vorerst die Städte entlang der Linie Köln-Duisburg-Dortmund-Wuppertal. Nach Süden ist Bonn die Grenze, nach Norden sind es Recklinghausen und Oberhausen. In naher Zukunft erhält Infocity auch Anschlüsse nach Benelux.

Wie ist das Netz aufgebaut?

Der innere Ring ist ein Glasfaserkabel, das bis zu 40.000mal schneller Daten transportiert als ein sehr leistungsfähiger Anschluß über die herkömmliche Kupfer-Telefonleitung. An diesen sogenannten Backbone (Backbone ist die „Hauptstraße“ innerhalb eines Telekommunikationsnetzes) wird jeder Bürger der Infocity angeschlossen. Dazu kommen lokale Netze für Unternehmen und öffentliche Institutionen. Der private Nutzer bekommt einen Set-Top-Box (Decoder, der die digitalen Daten aus dem Kabelanschluß für Spiele, Filme und Fernsehen entschlüsselt und automatisch abrechnet), mit der er sich die Mulitmedia-Angebote auf den Fernsehbildschirm oder den PC holen kann.

Wie lebt der Bewohner der Infocity?

Einmal am Netz, hat jeder die Möglichkeit, Informationen in jeder Form zu empfangen und zu versenden: Sprache, Musik, Texte, Bilder, Filme oder Daten. Jeder kann sich die Informationen abrufen, die ihn interessieren. Und er kann interaktiv kommunizieren – egal, ob es der Unterhaltung dient oder der Arbeit.

Was hat die Privatperson von der Infocity?

Wer einen Anschluß an die Infocity hat, kann die multimedialen Angebote von heute und morgen nutzen. Einkäufe, Behördengänge oder Geldgeschäfte werden vom Wohnzimmersessel aus erledigt. Arbeiten und lernen kann man zu Hause. Es ist kein Problem, am Computer mit einem Freund in Amerika zu spielen. Anstatt zum Briefkasten zu laufen, wird ein elektronischer Brief abgeschickt, der praktisch im gleichen Moment ankommt. Das digitale Fernsehen kommt ins Haus. Und wer gern diskutiert, kann seine Meinung in Diskussionsforen auf der ganzen Welt vertreten.

Was haben Geschäftsleute davon?

Infocity bietet der Wirtschaft in Nordrhein-Westfalen die Chance, jetzt schon die neuen Medien der Informationsgesellschaft einzusetzen. Unternehmen mit Filialen in mehreren Städten können ganz auf Geschäftspapiere verzichten und Schriftverkehr von Bildschirm zu Bildschirm senden. Anstatt zu Schulungen oder Informationsveranstaltungen zu reisen, holen sich alle Teilnehmer die Veranstaltung auf den Computerbildschirm am Arbeitsplatz. Teams aus Düsseldorf und Gelsenkirchen brauchen sich für ein Arbeitsprojekt nicht mehr zu treffen, sondern können via Bildschirm zusammenarbeiten. Selbst die Steuerung von Produktionsabläufen ohne einen Techniker vor Ort ist möglich. Und täglich entstehen neue Ideen für neue Angebote im Netz.

Und was passiert im öffentlichen Bereich?

In der digitalen Stadt werden Stadtverwaltung und kommunale Einrichtungen dem Bürger sehr entgegenkommen. Behördengänge werden überflüssig, Formulare kommen über den Bildschirm ebenso wie Beratung. Die Infocity bietet digitale Stadtinformationssysteme, elektronische Bibliotheken und Museen. Das elektronische Rathaus ist bürgerfreundlich: Die Bürger können von zu Hause aus Einblick in die politischen Prozesse nehmen und in elektronischen Diskussionsforen bei den Entscheidungen mitreden.

Kann ich „Infocity-Bürger“ werden?

Es kann nicht jeder „Infocity-Bürger“ werden. An dem Multimedia-Pilotprojekt können ca. 10.000 Privathaushalte teilnehmen, die zur Zeit ausgewählt werden. Voraussetzung ist, daß sie einen Kabelanschluß der Vebacom Tochtergesellschaft Concepta haben und in einem der ausgewählten Testgebiete wohnen. Dann werden sie von Vebacom benachrichtigt.

Kommunikation durch Wettbewerb – Erfahrungen aus Städtevergleichen

Hans-Peter Canibol, Focus, München

Vor wenigen Wochen traf ich in den USA einen hochrangigen Manager aus Paris. Der erzählte nur so nebenbei, daß sein Sohn demnächst mit dem Studium in Deutschland beginnt.

Ich dachte gleich an München oder Heidelberg. Aber nein. Wie sich herausstellte, zieht es den Sohn nach Bayreuth.

So genau wußte der Vater auch nicht, was den Filius in den Bayerischen Wald zieht. Auf jeden Fall war diese Entscheidung das Ergebnis eines Städte-, oder wenn sie so wollen, Universitätsvergleichs. Ein ganz privater und für Außenstehende sicher schwer nachzuvollziehender.

Jeder trifft im Laufe seines Lebens mehrere solche Standort-Entscheidungen. An welchem Ort will er studieren? Wo will er leben? Und wo arbeiten?

Städtevergleiche sind also nichts Außergewöhnliches. Sie erfolgen nur meist intuitiv, auf der Basis irgendwelcher, zufällig aufgeschnappter Informationen.

Manche gehen auch systematischer vor: Etwa Unternehmen, die sorgfältig prüfen, wo sie sich niederlassen wollen, Sie stellen einen Kriterienkatalog auf. Einen, der an ihren Bedürfnissen orientiert ist. Da werden die Standortkosten geprüft, das Arbeitskräftepotential, aber auch die Wohn- und Freizeitqualität und vieles andere.

Städtevergleiche finden also ständig statt, sie sind unvermeidbar. Warum legen aber eigentlich die Hauptbetroffenen, die Stadtväter, so wenig Wert auf Städtevergleiche?

Nun, das ist eigentlich ein typisch monopolistisches Verhalten. Unternehmen, die im Wettbewerb stehen, denken tagtäglich darüber nach, wie sie mit besseren und womöglich preisgünstigeren Produkten ihre Kunden an sich binden. Ganz einfach deshalb, weil ihre Kunden sonst ganz einfach zu den Produkten der Konkurrenz greifen. Der Bürger kann dies nicht so leicht. Er kann sich nur schwer dagegen wehren, wenn die Gebühren hoch sind oder die Kommunalpolitiker viel Geld ausgeben.

Monopolisten legen von jeher wenig Wert auf Vergleiche. Warum auch? Vergleiche stören, sie sind unbequem. Sie machen nämlich Unterschiede sichtbar, die man vielerorts am liebsten unter den Teppich kehren möchte.

Vergleiche sorgen für Unruhe und schaffen Erklärungsbedarf. Es mag sein, daß es für die Unterschiede Gründe gibt. Darüber kann man ja kommunizieren. Aber nur Vergleiche sorgen dafür, daß Mißstände erkannt und vielleicht abgestellt werden.

Ich habe den Eindruck, daß allmählich auch bei einigen Stadtvätern erkannt wird, daß „Wettbewerbssimulationen" – und nichts anderes sind Städtevergleiche ja – hilfreich und unumgänglich sind.

Ich meine den Trend zu „Produkten" und „Produktpreisen", bei denen über die „Produkte" einer Stadt nachgedacht wird. Und für diese Produkte dann sogenannte „Produktpreise" berechnet werden.

Dies macht natürlich nur Sinn, wenn dies in Form eines Benchmarkings zwischen den Städten geschieht, also in Form eines „Städtevergleichs". Wenn wir uns im ersten Schritt fragen „Wie teuer ist das Produkt Straßen kehren"?, dann macht das Ganze eigentlich erst dann Sinn, wenn wir die Frage beantworten, warum die Kosten in Hamburg, Mannheim und Speyer abweichen. Und ob die teureren Städte von den preisgünstigeren etwas lernen können.

Fragen dieser Art gibt es viele: Warum etwa kostet in Göttingen eine Erdbestattung 5245 Mark an Friedhofgebühren, in Berlin aber nur 567 Mark. Warum sind Müllgebühren in Augsburg zehnmal so hoch wie in Aachen? Oder warum muß in Darmstadt eine dreimal so hohe Abwassergebühr gezahlt werden wie in Bochum?

Städtevergleiche sind notwendig, damit Leistungsunterschiede dieser Art deutlich werden. Wie reagieren Städte auf Vergleiche dieser Art? Nun, dazu ein meiner Meinung nach typisches Beispiel:

Beim Gebührenvergleich, der im Dezember 1995 lief, wurden die Kosten für einen Kindergartenplatz unter genau definierten Bedingungen verglichen. Berechnet wurden die Zahlen vom Bund der Steuerzahler, der dazu eine arbeitsaufwendige Recherche durchführte. Am billigsten ist demnach ein Kindergartenplatz mit 720 Mark im Jahr in Hamburg, in Karlsruhe kostet ein solcher Platz dagegen 4320 Mark im Jahr.

Solche Zahlen schaffen natürlich Erklärungsbedarf und im Badischen war die Aufregung groß. Das Abwehrmuster der Stadtverwaltung lief wie üblich: Erstes Argument – das kann nicht sein, die Zahl wäre falsch.

Nach einigen Gesprächen und genauerem Nachrechnen wurde die von uns publizierte Zahl akzeptiert, aber, so die nächste Verlautbarung: Bei dem von uns zugrundegelegten Einkommen würden die Kindergartenbeiträge reduziert. Stimmt, aber nur dann, wenn ein besonderer Antrag gestellt wird. Dies wurde in Karlsruhe den Eltern eben nicht standardmäßig mitgeteilt (während in anderen Städten sogenannte Sozialabschläge von vornherein angegeben werden). Nun: Wenige Tage später erhielt ich das Dankschreiben eines Karlsruher Lesers, der erst durch uns erfahren hatte, daß er irgendwo in der Karlsruher Stadtverwaltung einen Antrag auf Reduzierung der Kindergartenbeiträge stellen muß.

Wir hatten – weil uns selbst die Kindergartenbeiträge in Karlsruhe exorbitant hoch schienen – den Wert insgesamt einmal schriftlich und dreimal telefonisch abgefragt. Ich finde, das – hoffentlich ungewollte – Mißverständnis sollte von den Karlsruhern als deutlicher Hinweis auf eine ein wenig verkorkste Kommunikation zwischen Bürgern und Stadt gewertet werden.

Das Reaktionsmuster der Stadt entsprach im übrigen dem, was wir meist beobachten. Ich meine natürlich nicht die Siegerstädte, die sich nahezu immer richtig bewertet finden, sondern diejenigen, die negativ auffallen.

In der ersten Stellungnahme heißt es üblicherweise: Der Städtevergleich ist „unsolide“, die Daten sind „falsch“ oder „veraltet“.

Zu den Daten: Sie sind generell so hochaktuell, wie Sie sie in kaum einer Statistik vorfinden. Bei Gebühren müssen wir ganz einfach mit den aktuellen, zum Zeitpunkt der Veröffentlichung geltenden, Angaben herauskommen, was recht mühsame Recherchen erfordert. Der Leser erwartet einfach, daß die Daten seine derzeitige Situation widerspiegeln.

Ein anderes Beispiel: Beim Job-Atlas, einem Ranking für sämtliche 444 deutschen Städte und Landkreise, operierten wir mit Einwohner- und Beschäftigtenzahlen, die auf dem Stand vom 1. Januar 1995 waren – obgleich wir im März 1995 herauskamen, also nur drei Monate nach der umfangreichen Gebietsreform in den neuen Ländern, bei der die Zahl der Städte und Landkreise im Osten von 215 auf 116 schrumpfte. Ich bin mir nicht sicher, ob zum heutigen Tage bereits offizielle Daten aus diesen neu abgegrenzten Gebietseinheiten erhältlich sind.

Zum Vorwurf: „Unsolide“: Vergleiche dieser Art sind sehr komplex und arbeitsaufwendig. Unsere Städtevergleiche sind langfristig angelegte Projekte, von der Planung bis zum Erscheinen vergehen sechs bis zwölf Monate. Im ersten Schritt werden kompetente Partner gesucht, mit denen das Konzept sorgfältig diskutiert wird und die gewissermaßen die „wissenschaftliche Verantwortung“ tragen.

Ein Beispiel: Bei der Ermittlung der „Freizeitwerte“ arbeiteten wir mit der Deutschen Gesellschaft für Freizeit zusammen und mit einem, von dieser Gesellschaft empfohlenen, privaten Forschungsinstitut. Die Deutsche Gesellschaft für Freizeit ist die Dachorganisation der Städte und der freizeitinteressierten Wirtschaft. Ich kann mir eigentlich für die anvisierte Fragestellung keine kompetentere Organisation vorstellen.

Die Konzepte für die Städtevergleiche werden also gemeinsam entwickelt. Umfragen, Datenerhebungen und -auswertungen erfolgen durch die Partner, denen auch die Vermarktung und die Herausgabe einer Gesamtstudie überlassen wird. Trotz dieser, ich möchte schon meinen „wissenschaftlichen“ Vorgehensweise, stoßen die Begleitstudien nur auf ein geringes Interesse. Es wird mitunter vieles kritisiert. Aber seltsamerweise wird nur eine Handvoll Studien angefordert und ausgewertet.

Statt dessen sinnen Organisationen wie der „Deutsche Städtetag“ lieber über Abwehrmechanismen nach, mit denen Städtevergleiche unterbunden werden können. Da gibt es Rundschreiben, mit denen vor Auskünften zu Städtevergleichen gewarnt wird. Intern wurde sogar der Vorschlag diskutiert, einfach selbst alle möglichen Indikatoren durchzurechnen – so daß für die Medien nichts mehr übrig bliebe (der Vorschlag wurde aus Kostengründen verworfen). Nun, wir haben zwar mitunter mit Schwierigkeiten bei der Datenerhebung zu kämpfen. Aber bisher kommen wir ganz gut zurecht.

Aber noch mal zu dem Vorschlag, die Berechnung von Indikatoren selbst vor zunehmen: Warum eigentlich nicht? Städtevergleiche sind zweifellos interessant. Nicht nur bei harten Zahlen wie Gebühren, sondern auch für solch komplexe Größen wie Freizeitwert oder Umweltqualität.

Warum sind sie interessant? Nun, einmal für die Bürger. Jeder, so heißt es in einem englischen Sprichwort, findet die Weide des Nachbarn grüner. Jeder möchte wissen, wie seine Stadt im Vergleich zu anderen positioniert ist.

Es ginge schon. Kaum beachtet wird zum Beispiel, daß es durchaus offizielle Städte- bzw. Regionen-Rankings gibt. Und zwar im Rahmen der „Gemeinschaftsaufgabe zur Verbesserung der regionalen Wirtschaftsentwicklung". Dort wurde beispielsweise hochoffiziell eine regionale Kennziffer zur Infrastrukturausstattung entwickelt, auf Basis eigens dazu durchgeführter Umfragen – und die Ergebnisse entscheiden darüber, ob eine Region gefördert werden darf oder nicht.

Städtevergleiche sind also machbar. Warum wäre es aber für die Städte wichtig, selbst Städtevergleiche durchzuführen – anstatt zu warten, bis sporadisch irgendein Medium zuschlägt? Nur, Städtevergleiche sind im Prinzip ja nichts anderes als eine Schwachstellenanalyse. Wo sind wir stark, wo haben wir Defizite?

Der Vergleich bringt natürlich noch nicht die Lösung. An einigen Defiziten kann man bei bestem Willen nichts ändern. Bei anderen wiederum kann der Städtevergleich die Basis zu einer neuen Art von Bürgerkommunikation bringen: Da stehen wir – wollen wir das ändern? Aber wenn wir das ändern, dann müssen wir bei anderen Sachen Abstriche machen.

Ein Beispiel dazu, wo nach meiner Einschätzung vorbildlich mit einem Vergleich umgegangen wurde: Bei der Kür zur schönsten Stadt Deutschlands so wurde unser „Freizeitwert-Ranking", das im Mai 1995 erschien, betitelt – landete Recklinghausen unter den deutschen Großstädten auf dem 84. und damit letzten Rang.

Ein Sturm der Entrüstung brach los. Recklinghäuser Leser bombardierten uns mit Briefen, teilweise in Form von Heimatgedichten. Stadtverwaltung und Oberbürgermeister veranstalteten Pressekonferenzen und Diskussionsrunden. Lokalpresse und Regionalfernsehen machten mobil und priesen die Vorzüge der Ruhrgebietsstadt.

Alles in allem war die Focus-Bewertung zwei bis drei Wochen das Thema Nummer Eins in Recklinghausen. Und hat, so jedenfalls mein Eindruck, zu einer intensiven Kommunikation zwischen Bürgern und Stadt geführt – denn beide Seiten haben ja eigentlich das gleiche Interesse: Sie hätten gerne, daß Recklinghausen die Nummer eins ist.

Aber nicht nur Recklinghausen war betroffen. Die Ruhrgebietsstädte fühlten sich allesamt wieder einmal als Schmuddelkinder der Nation geschmäht. Die Folge: Ein Gegen-Gutachten des wohl renommiertesten deutschen Regionalwissenschaftlers, Professor Paul Klemmer, Chef des Rheinisch-Westfälischen Instituts für Wirtschaftsforschung in Essen. Das Gutachten wurde auf einer Pressekonferenz mit illustren Vertretern des Ruhrgebiets in Duisburg präsentiert. Klemmer stellte unter anderem fest: Wenn die Qualität der Umwelt unberücksichtigt bliebe, hätten die Ruhrgebietsstädte beim Freizeitwert besser abgeschnitten.

Die Schwachstelle ist also festgestellt. Welche Chance die Ruhrgebietsstädte haben, diese Schwachstelle zu beseitigen, ist ein anderes Thema.

In der Stadt mit dem höchsten Freizeitwert, in München, blieb die Resonanz dagegen relativ mäßig: Einige Berichte in den Lokalteilen, aber ansonsten eher Ruhe. Für Metropolen wie München, Berlin oder Hamburg ist der erzielte Rang bei einem nationalen Städtevergleich kaum der Rede wert. Sie messen sich nicht mit Chemnitz und Oldenburg, sondern mit Paris und New York.

Bei anderen Städten schweift der Blick weniger weit. Für sie ist wichtig, wie sie im Vergleich mit ihren nahen „Konkurrenten" abschneiden. Die Bremerhavener sind eigentlich bereits zufrieden, wenn sie vor Bremen rangieren. Die Düsseldorfer vergleichen sich mit Köln, während die Duisburger nach Essen und Dortmund schauen.

Nun, Freizeitwert, Umweltqualität oder Bürgerfreundlichkeit sind meist recht komplexe Größen. Für die Leser und Bürger, vor allem aber für die Lokalredakteure, sind oftmals die einzelnen Indikatoren viel interessanter als das Endergebnis.

Woran liegt es zum Beispiel, daß in Mülheim an der Ruhr die Friedhofsgebühren 400 Mark höher sind als im benachbarten Oberhausen? Andererseits knüpft eine andere Nachbarstadt, nämlich Duisburg, ihren Bürgern noch 400 Mark mehr ab, den Mülheimer Ratsherren kam dies auch suspekt vor. Sie vertagten, kurz nach Erscheinen des Gebührenvergleichs, den vorgelegten Entwurf zu einer neuerlichen Erhöhung der Friedhofsgebühren und verlangten eine exakte Kalkulation der Kosten.

Leider sind Reaktionen dieser Art eher ungewöhnlich, soweit jedenfalls mein Eindruck. Viel zu oft werden die Ergebnisse von Städtevergleichen einfach mit leichter Hand abgetan.

Nützlich ist zum einen der Vergleich mit dem, was in anderen Städten abläuft. Ich rede jetzt nicht nur von Kostenunterschieden, sondern auch von der Vielzahl von Aktivitäten, die derzeit in den deutschen Städten zu beobachten sind – und von denen viel zu wenig in den Medien erscheint oder den Bürgern und wohl auch den Kollegen in den anderen Städten bekannt ist.

Bei unseren Erhebungen zur Bürgerfreundlichkeit stießen wir auf eine Fülle von neuen Ideen – angefangen von den Öffnungszeiten, bei denen einiges ausprobiert wird. Von Kleinigkeiten, wie insgesamt „Schlüsselgewaltverträgen" – die die Stadt Münster mit Vereinen abgeschlossen hat, und die dazu führen, daß kein Hausmeister auf die Uhr sieht, wenn die Sporthallen genutzt werden.

Städtevergleiche machen Unterschiede sichtbar – im negativen, und im positiven. Es gibt durchaus Kommunen, die diesen Leistungsvergleich nicht scheuen, sondern sogar suchen. Mitunter beklagen sich einzelne Städte nach Erscheinen, daß sie beim Städtevergleich nicht dabei waren – und ihre guten Leistungen somit weiterhin unerkannt bleiben.

Besonders beeindruckend fand ich die Resonanz bei unserer Umfrage zur Modernisierung der Verwaltung. Nahezu jede Stadt hatte was zu bieten und allgemein war die Freude groß, daß endlich einmal über diesen Modernisierungsprozeß und die damit verbundenen Probleme berichtet wird.

Gewonnen hat, wie sie vielleicht mitbekommen haben, Köln. Ganz knapp vor Heidelberg.

Dies bringt mich zu einem weiteren Aspekt der Nutzung: In Köln wurde das Ergebnis, soweit ich mitbekommen habe, eigentlich gar nicht zur Kenntnis genommen. Mag sein, daß es an der eigentümlichen Berichterstattung des führenden Lokalblattes liegt. Aber zumindest von der Stadtverwaltung hätte ich erwartet, daß sie sich über dieses Prädikat freut.

Seltsamerweise scheinen viele kommunale Verantwortliche es vorzuziehen, mehr passiv zu reagieren. Die negativen Abweichungen werden recht häufig thematisiert, wohl unfreiwillig. Die positiven – die doch eigentlich willkommener Anlaß sein könnten, mit den Leistungen der Stadt bei den Bürgern Punkte zu sammeln – werden dagegen nur sporadisch genutzt.

Ein positives Beispiel dazu: Aachen wurde 1990 zur wirtschaftsfreundlichsten Stadt Deutschlands gekürt. Die Aachener Wirtschaftsförderer druckten neue Werbeprospekte und warben eifrig mit dem Titel. Noch heute, sechs Jahre danach, ziert ein Poststempel mit einer Aufschrift, „Die wirtschaftsfreundlichste Stadt Deutschlands 1990“ oder so ähnlich lautend, Briefumschläge, die aus Aachen kommen.

Ein Negativbeispiel: Anfang 1994 wurde Villingen zur „Stadt mit der besten Umweltqualität“. Das einzige, was dem Villinger OB, der dazu befragt wurde, einfiel, war: „Dafür haben wir aber wenig Arbeitsplätze“. Dabei paßt der Titel eigentlich recht gut zum Marketing eines Kurortes.

Städtevergleiche bieten Chancen zur Profilierung, nicht nur für die Nummer Eins, denn meist basieren die Vergleiche auf einer Vielzahl von Indikatoren.

Aber noch mal zurück zum Ausgangspunkt: Die Städte können sich dem Vergleich nicht entziehen. Und sie müssen, wenn sie selbst nicht dafür sorgen, daß solche Vergleiche stattfinden, damit leben, daß andere es tun.

Früher schwer zugängliche Statistiken sind bald via Internet für jedermann einsehbar. Ein Beispiel: Vor wenigen Jahren mußten die aktuellen Gewerbesteuersätze noch mühselig recherchiert werden. Mittlerweile sind diese Daten schon übers Datennetz ständig verfügbar.

Die Entwicklung wird noch weitergehen. Im Rahmen einiger Städtevergleiche arbeiteten wir beispielsweise mit dem Forschungsinstitut empirica aus Köln zusammen, dem gleichen Institut, das für die EU die wohl weltweit größte regionale Datenbank aufgebaut hat. Und die beispielsweise beim Umwelt-Städtevergleich verwendeten Indikatoren wurden in Diskussion mit der Forschungsgruppe ausgearbeitet, die bei der EU für die Entwicklung eines flächendeckenden regionalen Umweltinformationssystems zuständig ist.

Es ist nur eine Frage der Zeit, bis Indikatoren dieser und anderer via Datenautobahn jederzeit ins Haus geholt werden können. Sei es über die Gebühren, die Infrastruktur oder über Umwelt-, Wirtschafts- und Freizeitindikatoren.

Und auch für die Qualität der Stadtverwaltungen wird es bald Kennziffern geben, die verwendet werden. In Schleswig-Holstein wird sich in den nächsten Monaten zum ersten Mal eine Stadtverwaltung einer externen Qualitätsbewertung unterziehen, um das Zertifikat nach ISO 9000 zu erhalten.

Eine andere Methode des Qualitätsvergleichs steht noch aus: Die Umfrage unter Bürgern. Im niederländischen Delft werden seit langen Jahren via Umfragen unter Bürgern Defizite aufgespürt. Die einzige deutsche Stadt, die meines Wissens damit mithalten kann, ist das ansonsten eher sparsame Münster. Dort prüft man seit sieben Jahren im Jahresturnus per Umfrage ab, wie zufrieden die Bürger mit den Lebensbedingungen sind und wo der Schuh drückt.

Sie sehen: Die von uns vorgenommene Beurteilung Münsters als bürgerfreundlichste Stadt Deutschlands wird bei näherem Hinsehen immer verständlicher.

Mein Fazit zum Schluß:

- Städtevergleiche sind notwendig, da nur so Differenzen sichtbar gemacht werden.
- Die Städte können die Ergebnisse schlichtweg ignorieren, sie können sie aber auch nutzen. Einmal, in dem über die Schwachstellen nachgedacht wird, und auch, in dem die positiven Leistungen der Stadt stärker verbreitet werden.
- Am besten aber wäre, wenn die Städte derartige Benchmarking-Tests institutionalisieren und ihre Bürger dann darüber entscheiden lassen, welche Probleme unter den Nägeln brennen.

Staatskommunikation

Herausgegeben von Dr. iur. Hermann Hill

Band 1
Staatskommunikation
Dokumentation der Frühjahrs-Arbeitstage des Deutschen Kommunikationsverbandes BDW e.V. und der Hochschule für Verwaltungswissenschaften Speyer vom 22./23. April 1993
1993. 152 Seiten. Broschiert 48,– DM ISBN 3-452-22757-X

Band 2
Die begreifbare Stadt
Wege zum Dialog mit dem Bürger
1994. 204 Seiten. Broschiert 48,– DM ISBN 3-452-23059-7

Band 3
Dialoge über Grenzen
Kommunikation bei Public Private Partnership
1995. 126 Seiten. Broschiert 48,– DM ISBN 3-452-23369-3

Band 4
Die kommunikative Organisation
Change management und Vernetzung in öffentlichen Verwaltungen
1996. 136 Seiten. Broschiert 48,– DM ISBN 3-452-23607-2